4

『마을』을 구독하고 후원해주십시오!

『마을』을 21세기 마을의 삶을 상상하고 실행할
"공론의 장"으로 만들어가기 위해
여러분의 구독과 후원이 절실히 필요합니다.
『마을』을 구독하고 후원하는 가장 좋은 방법은
마을학회 일소공도의 회원으로 가입하시는 것입니다.

회원가입 신청서 링크 http://bit.ly/maeulogy
회원가입 신청 안내와 신청서 다운로드 https://cafe.naver.com/oolocalsociety/117
문의: 010-3191-0477 maeulogy@gmail.com | **계좌:** 농협 351-0966-6069-13 (예금주 마을학회일소공도)

| 차 례 |

열며
005	국가와 법의 호명 너머	박영선

트임 　농민과 주민은 누구인가
013	농업인인가, 농민인가	김정섭
023	농민 농업, 자율과 협동	얀 다우 판 더르 플루흐
042	여성 농업인의 자리는 어디인가	김귀영
052	청년 농민을 키우는 지역의 실천농장	김기흥
057	누가 마을의 주인인가, 주민은 누구인가: 변화하는 농촌 사회, '마을 주민이 될 자격'을 다시 묻다	구자인

포토에세이 　한국 근현대 마을 공간 변천기 2
072	사진 ｜ 2번 국도 마을 풍경	이영섭
083	글 ｜ 2번 국도 마을 풍경의 조건	이경민

스밈	**농촌으로부터**	
097	윤재영 씨	홍순명
100	Beyond 소농	조대성
106	협동조합젊은협업농장 실험보고서 2: 젊은협업농장과 마을	정민철

일하는 노자 4

123	풍류에서 살기: 비보풍수와 도시재생	함성호

벼림	**농업·농촌·농민 연속좌담 3**	
145	지역농업 조직화와 마을만들기	구자인, 김정섭, 정민철

서평	**책 너머 삶을 읽다**	
181	촘스키가 없는 미국은 얼마나 끔찍할까	장정일
186	새로운 지역공동체를 위한 마을 속의 집	정기황

193	저자들
198	마을 총목차

열며 | 국가와 법의 호명 너머

박영선

1

최근의 한일사태는 국가가 국익의 이름으로 개인들의 이익을 담보 잡고 어떻게 그들을 국민으로 집결시키는지를 잘 보여준다. 이 현상은 개인이 자율적 관점을 가지기보다는 국가가 그들에게 요청(주입)하는 관점으로 세계를 바라보기 쉽다는 씁쓸한 인식을 환기해준다. 국가는 인간뿐 아니라 시공간을 비롯한 모든 영역의 대상들을 효율적으로 통제하기 위해 계산가능하고 관찰가능한 것으로 바꾸어놓는다. 이러한 국가권력 행사의 정당성을 받쳐주는 것이 법이다. 이번 호에는 농사짓는 사람을 자본주의적 경영주체인 농업인으로 호명하는 것을 비롯하여 농촌 현실에서 작동하는 국가와 법의 프레임이 불러일으키는 혼란과 착시 현상을 재조명하고, 농민과 주민에서부터 풍경과 주거 공간에 이르기까지 다양한 영역에서 실천적 재정의를 시도하는 원고들을 실었다.

2

'트임: 농민과 주민은 누구인가'의 첫 번째 글인 김정섭의 「농업인인가, 농민인가」는 법이 정한 '농업인' 개념과 법제 외부의 사회적 차원에서 통용되는 '농민'이라는 개념이 일치하지 않기 때문에 생겨나는 문제를 다룬다. 필자는 농민과 농업인의 개념상 격차 때문에 공적 자금 지원 정책이 농촌 현실에 맞지 않을 뿐 아니라 오히려 농촌 문제를 심화하는 데 일조하는 구체적 사례들과 농업인·농민 개념에 관계된 현금보조 정책의 가능한 논리의 세부를 다룬다. 그리고 정부가 개별 농업인의 생산성, 즉 계산가능한 경제적 가치에만 초점을 맞추면서 수치로 환산될 수 없는 사회적 환경적 가치인 지역성과 커먼즈를 생산하는 농민들의 집합적 실천의 중요성을 간과하고 있다고 지적한다. 나아가 농민들 스스로 자율성과 협동과 지속가능성을 지향하는 새로운 농민층을 구성함으로써 농민의 새로운 정의를 실천적으로 제시해야 한다고 역설한다.

지난 5월에 한국을 방문한 농촌사회학자 얀 다우 판 더르 플루흐의 세 개의 강연 내용들을 정리한 글 「농민 농업, 자율과 협동」은, 자본주의 시스템이 만든 경영자 농업의 위기를 해결할 대안인 농민 농업의 의미와 구체적 실천 사례 및 농촌사회학자들이 가져야 할 통찰의 원칙 등을 제안한다. 첨단 기술과 자본주의적 시장 위주의 경영방식을 채용하는 경영자 농업은, 지구를 먹거리 제국으로 재편하고 궁극적으로는 농업의 붕괴를 초래한다. 이러한 절망적 사태를 막기 위해, 플루흐는 새로운 시장 즉 농민시장을 확대하고 농생태학과 농업의 다기능성을 강화하고 협동과 사회운동 및 현장맞춤형 기술을 결합하는 '새로운 농민들'의 농업 즉 농민 농업이 필요하며, 비아캄페시나와 네덜란드 북프리지아숲 지역협동조합 등의 사례는 이러한 주장의 현실성을 입증한다고 역설한다. 특히 그는 현실 문제를 논의하고 고민하는 과정에서 일어나는 농민의 학습과 실천적 사유가 새로운 농민의 농업이 발견할 희망의 동력이 된다고 본다. 그리고 농민 농업을 받치는 기본축이 되는 사태의 역동성, 뿌리내림, 이질적인 것의 포용과 연결, 스스로 만들어내는 능력, 행위주체로서의 농민이라는 다섯 가지 원칙을 제시한다.

김귀영의 글 「여성 농업인의 자리는 어디인가」는 오랫동안 농업과 농촌공동체를 지탱해온 뿌리이자 축이었음에도 가부장중심주의와 농촌의 보수성으로 인해 독자적 행위주체로서 인정받고 합당한 법제적 사회적 권리를 누리지 못하는 여성 농업인의 현실적 위상을 진단하고 정책적 대안을 제시한다. 필자는 농림사업 시행주체 자격을 남성 농업인이 독점하는 문제를 해결하기 위해 정부가 공동경영주 등록정책을 펼치는데도 성과가 없는 이유를 분석하면서, 가부장적 관점을 내면화한 여성들의 자각과 적극적 참여를 자극·지원할 중간조직을 비롯한 다양한 정책적 모색이 필요하다고 주장한다. 나아가, 외국인 이주와 도시인의 농촌 유입으로 과거와 달리 구성이 매우 복잡해진 여성 농업인의 새로운 문화적 지형을 읽고 이들을 공동체의 일원으로 받아들일 다양한 정책적 장치들도 제안한다.

김기홍의 글 「청년 농민을 키우는 지역의 실천농장」은, 장기적인 청년실업과 지자체의 지원정책으로 유발된 도시 청년들의 농촌 유입을 농촌 지역에서 어떤 준비와 태도로 대처해야 하는지를 다룬다. 근래 청년들의 농촌 정착을 돕기 위해 늘어나는 실천적 농장의 사례 조사에서 추출한 '실천농장'의 운영 원칙들을 정리하면서, 필자는 청년들을 지역에 '뿌리내린' 농민이자 마을공동체의 주민으로 양성하기 위해서는 교육적 경제적 지역적 실천을 통해 지역을 제대로 이해하고 정착하게 할 보다 체계적 프로그램을 갖춘 실천농장이 필요하다고 주장한다.

구자인의 글 「누가 마을의 주인인가, 주민은 누구인가: 변화하는 농촌 사회, '마을 주민이 될 자격'을 다시 묻다」는 농촌 마을 주민의 정체성을 정의하는 조건들을 자율적인 마을규약의 맥락에서 세부적으로 다룬다. 이러한 시도가 필요한 이유는, 농촌사회가 시민혁명을 거치지 않은 (지역사회의 주체가 형성되지 않은) 상태에서 도시 인구가 대거 유입되고 주민 생활에 시장경제가 강력하게 침투하는 등 급변하고 있기 때문이라고 진단한다. 첨단기술이 농업에 적용되고 이질적인 이주민이 늘어나는 등 여러 요인들로 과도하게 개별화되면서 농촌공동체가 해체 위기에 직면해 있다는 것이다. 필자는 농업과 강력하게 연계되어 있고, 대면적 관계가 중시되고, 일정한 합리성이 적용된 마을의 작동 원리에 따라 농촌 마을을 유지하기 위해서는, 마을 주민을 '회원'으로 재정의할 필요가 있다고 제안한다.

3

'한국 근현대 마을 공간의 변천상을 탐색하는 포토에세이'에서는, 이영섭의 옛 2번 국도변 마을 풍경을 기록한 사진들과 그 풍경의 사회역사적 조건을 분석하는 이경민의 글을 실었다. 풍경은 늘 거기에 존재하는 물리적 대상이 아니라, 특정한 시대의 특정한 사회역사적 변동을 통해 감지되는 역사적 구성물이다. 이영섭은 이 같은 풍경의 역사성에 주목하면서 옛 2번 국도변 마을 주거지 풍경과 마을표지석·마을회관 등을 기록했다. 이경민에 따르면, 한국 근현대 농촌 마을 풍경의 구조를 결정한 박정희 정권의 새마을운동은 2016년 현재 이영섭이 기록한 옛 2번 국도변 마을 풍경의 법제도적 기원으로서 여전히 작동한다. 따라서 한국적 풍경사진 담론의 가능성은, 정치권력 시스템과 제도 및 공간의 정치학이 어떻게 현재의 풍경을 만들어왔는지를 규명하는 작업으로부터 시작될 수 있다고 제안한다.

'스밈: 농촌으로부터'에 실린 홍순명의 「윤재영 씨」는 일제강점기와 한국전쟁으로 피폐해진 한 시골마을의 생태적 윤리적 재생과 탈자본주의적 자치를 위해 평생을 바친 노실천가가 제도적 의사소통 방식을 갖지 않은 사람 윤재영 씨와 어떻게 만나고 교감하는지를 발랄한 문체로 묘파한 생생한 글이다. 조대성의 「Beyond 소농」은, 귀농한 4인 가족의 가장이 농업만으로 생계를 해결하자는 목표를 이루기 위해 생태와 생계 사이를 오가며 행하는 고민과 성찰을 흥미진진하게 담았다. 고민의 한 자락 끝에서 필자는, 이른바 피상적인 녹색담론에서 파생된 소농小農주의의 비현실성을 넘어서는 '책임농'의 시대가 도래했음을 주장한다. 정민철의 「젊은협업농장과 마을」은 충남 홍성군 장곡면에 젊은협업농장이 창설되고 다양한 실험들이 이뤄지는 과정을 공유하는 연재의 두 번째 글이다. 이 농장은 트임에서 김기홍이 다룬 실천농장의 가장 도전적인 국내 모델로 평가된다. 필자는 충실한 기록들을 바탕으로, 청년들을 받아들이는 지역농장을 '마을과의 연결'라는 기본 가치를 지키면서 만들어가기 위해 어떤 구체적 고민과 결정들을 해나갔는지를 세밀하게 서술하고 있다. 이 글은 보다 진화된 실천농장을 모색하는 이들에게 유익한 자료가 될 것이다.

'일하는 노자'는 서유럽과 일본·미국 등에서 수입된 근대성의 한계를 내파하고 동아시아적 세계관을 검토하며 무위지위無爲之爲의 마을을 창조적으로 재구성하기 위해, 문명사적 상상력과 통합적 사유의 최대치를 실험해보는 연재다. 그 네 번째 글 「풍류에서 살기: 비보풍수와 도시재생」에서 함성호는, 서유럽의 근대적 세계관과 국가중심주의에 포획되지 않는, 마을에 사는 사람(주민)들 스스로에 의한 그들을 위한 도시재생(마을만들기)을 위해서는 잃어버린 '이야기 공동체'를 재구성해야 한다고 역설한다. 그 단초로서 중국 풍수사상에 관한 문헌들을 더듬으며 '바람과 물에 대한 동아시아적 사유'가 성립되는 과정을 추적·상상한다. 나아가 자연의 불인不仁함에 유연하게 대처하는 도선의 비보풍수의 의의를 재사유하면서 21세기 한국의 도시재생과 마을만들기의 가능한 향방을 제시한다.

'벼림'의 세 번째 좌담에서는 구자인, 김정섭, 정민철이 '지역농업 조직화와 마을만들기'를 주제로 이야기를 나누었다. 국가가 주도한 농업의 산업화가 낳은 문제들을 해결하고 농업을 다시 지역 중심으로 가져오려는 노력의 일환으로서 농민조직화운동과 마을만들기운동을 점검하고, 생산성 중심으로 편향된 지역농업의 개념적 혼란에 대해 짚어본다. 좌담 과정에서, 경제성과 공동체성(사회성)의 상충으로 인한 마을단체 간의 분열을 해결하고 지역농민과 주민이 정책결정자들과 협상하여 자신들을 위한 정책을 만들어갈 수 있도록 조직하는, 지역연합조직의 필요성이 부각된다. 한편 홍성·완주·상주에서의 지역조직화의 성패와 구체적 맥락을 점검하고, 주민자치회가 지역농업 조직화에 기여할 수 있는가에 대해 개진되는 세 좌담자의 흥미로운 분석과 의견은, 독자들의 문제의식을 활발하게 자극할 것이다.

'서평: 책 너머 삶을 읽다'에서 장정일의 「촘스키가 없는 미국은 얼마나 끔찍할까」는 놈 촘스키가 세계를 자국의 이익에 맞게 지배하는 미국과 이에 협력하는 지식인들을 통렬하게 비판하는 세부를 다룬다. 정기황의 「새로운 지역공동체를 위한 마을 속의 집」은 용어의 오남용으로 인한 국내 공동체 담론과 실천의 난맥상을 지적하고, 도시와 농촌을 과도하게 구분짓는 이분법보다 개인의 다양성을 존중하며 공동선을 회복하기 위한 공유화의 과정 commoning이 중요함을 강조한다.

4

4호 발간이 많이 늦어졌다. 일찍 옥고를 주신 필자들과 기다리셨을 독자들께 송구함을 전한다. 도와주신 모든 분께, 흔쾌히 작업해주신 김나영 디자이너께 감사드린다.

트임

농민과
주민은
누구인가

농업인인가, 농민인가 | 김정섭

농민 농업, 자율과 협동 | 얀 다우 판 더르 플루흐

여성 농업인의 자리는 어디인가 | 김귀영

청년 농민을 키우는 지역의 실천농장 | 김기흥

**누가 마을의 주인인가, 주민은 누구인가:
변화하는 농촌 사회, '마을 주민이 될 자격'을 다시 묻다** | 구자인

농업인인가, 농민인가

김정섭
한국농촌경제연구원
연구위원

법률에서 정한 '농업인' 개념

시골에서 농사지으며 사는 사람을 농민이라고, 농업을 직업으로 삼은 사람을 농업인이라고 하면 단어의 뜻은 깔끔하게 구별된다. 그런데 용어 정의 문제로 끝나지 않는 현실 문제들이 있다. 요즘 '농민'과 '농업인'이 다른 뜻을 지닐 수도 있어서 비롯된 문제들이다. 법률에서는 '농민'을 언급하지 않고 '농업인'만 언급한다.[1] 각종 농업직불제를 비롯해 농업 분야 정책을 규율하는 최상위 법률인 「농업·농촌 및 식품산업 기본법」[2]에서는 '농업인'이 무엇인지 규정하고 있다. '농업식품기본법' 제3조의 2에서 "농업인이란 농업을 경영하거나 이에 종사하는 자로서 대통령령으로 정하는 기준에 해당하는 자"라고 정의한다. 구체적인 조건은 대통령령에 규정되어 있고, 그 조건을 충족하는지를 확인하는

---

[1] 과거 한때에는 법률에서 '농민'이라는 말을 쓰기도 했다. 1967년에 제정된 「농업기본법」에서다. 당시 「농업기본법」은 농민, 가족농, 농가 등의 용어를 사용했다. 하지만 그 각각에 대해 법률적 정의를 제시하지는 않았다. 농민이 누구인지, 가족농이나 농가가 무엇인지를 굳이 법조문에 정의할 필요도 없이 그 의미가 너무도 자명했기 때문이었는지도 모른다.

[2] 이하에서는, '농업식품기본법'이라고 줄여 부른다.

법률적 절차는 농림축산식품부 고시 제2019-9호에 제시되어 있다.

자세한 내용을 옮기기는 어려우니, 요약하자면, 한국에서 정부가 법령에 근거해 '농업인'이라고 인정하는 자연인의 조건은 3개다. 첫째, 1,000㎡ 이상의 농지를 소유하거나 임차하여 농사를 짓는 경우다. 둘째, 본인이 농업을 경영해 판매한 농산물의 연간 판매액이 120만 원 이상인 경우다.[3] 셋째, 1년 중 90일 이상 농업에 종사한 경우다. 이 가운데 둘째와 셋째 조건에 해당한다는 사실을 입증하는 절차가 고시되어 있지만, 현실에서는 그렇게 하기가 어려워 사문화된 조항이다. 결국, 대략 '300평의 농경지에서 농사짓고 있다는 사실'을 정해진 행정 절차에 따라 입증하면 법적으로 '농업인'이 되는 셈이다.

이처럼 '농업인' 자격 규정이 너무도 엉성하기 때문에 구체적인 이해관계利害關係 측면에서 불합리하거나 부당한 일들이 발생하기도 하며, 정부의 농업·농촌 정책이 의도한 바를 달성하기 어렵다는 비판도 있다. 법제나 정책 수준이 아니라 다른 각도에서 보면, 법률로 규정한 '농업인' 정의가 이 땅에서 실제 농사짓고 사는 사람들의 정체성을 제대로 반영하지 못한다고 비판할 수도 있다.

몇 가지 예를 들어본다. 행정이나 정책 차원에서는 '농업인'이라는 법률적 자격을 취득하면 직접지불금부터 시작해서 여러 가지 보조금, 정책금융 자금, 조세 감면 등의 혜택을 얻을 수 있기 때문에 최소한의 조건인 300평의 땅만 확보해서 자격부터 얻고 보자는 행태가 만연한다. 그러다 보니 법률적 농업인 자격 취득 절차의 핵심인 '농업경영체 등록 정보'에 등재된 농가 수가 통계청에서 집계한 실제 농가 수인 약 100만 농가보다 훨씬 많은 166만 농가에 육박하는 웃지 못할 일이 벌

---

3 축산의 경우, 농경지 면적이 아니라 축산업 등록 절차에 따라 등록된 경우를 인정한다.

어진다.[4] 고령 소농 가구의 농업인이 영농활동을 하기 어려운 상황이어서 사실상 은퇴했음에도, 적은 액수나마 직불금을 수령하거나 농업인으로서 받을 수 있는 여타의 혜택을 누리려는 의도로, 법률상 농업인 지위를 억지로 유지하려는 경향도 있다. 그래서 농업 부문에 새로 진입하는 젊은 농업인이 법령에서 정한 조건에 맞추어 농지를 임차하기 어렵다는 말도 있다. 농지를 임차하지만, 계약서를 쓰고 그것을 근거로 농업경영체 등록 정보에 등재하지는 못한 채로 농사짓고 산다. 즉, 농업경영 이양이 (법률적으로) 순조롭지 않다는 말이다.

농업인이지만 농민이 아닌 사람, 농민이지만 농업인이 아닌 사람

이런 사례들은 농업정책의 효과성 측면에서 중대하게 검토해야 할 것이나, 이 글에서는 더 깊게 논의하지 않겠다. 이 글에서 살펴보려는 것은, 법률이 정한 '농업인' 개념과 법제 외부에서 사람들이 통상적으로 쓰거나 사회학적 의미에서 쓰는 '농민'이라는 개념이 일치하지 않기 때문에 생겨나는 문제점이다. 물론 '농민' 개념이 확립되어 있는 것은 아니다. 다만, '농업인'은 철저하게 '직업 범주'로서 인식되지만, '농민'은 '직업 범주'가 아닌 다른 범주에 속한다는 점은 분명해 보인다. 현실에

---

[4] 농림축산식품부가 공표하는 '농업경영체 등록정보 조회 서비스(http://uni.agrix.go.kr)'에 나오는 2018년 기준 전국의 농가 수는 165만 8,627가구다. 물론, 농업경영체 등록 정보에 등재하는 것이 확고한 법적 의무가 아니라 신고제로 운영되기 때문에, 은퇴한 농가 경영주가 등록정보에서 제때에 삭제되지 않았을 개연성이 있다. 그렇다 하더라도 166만 가구에 육박한다는 농가 수는 지나치게 많은 숫자다.

서는, '농업식품기본법'에 규정된 정의에는 부합하지 않지만 누가 보더라도 '농민'이라 불러 마땅할 사람들이 적지 않은 듯하다. 거꾸로 '농업인'임에는 분명하지만 과연 '농민'이라고 부를 수 있을까 하는 의구심이 드는 경우도 있다.

(가상적이지만, 개연성 높은) 예를 들어보자. 충청남도 ○○군 @@면에 거주하는 A씨(50세, 여)는 수도권의 대도시에 살다가 15년 전에 ○○군으로 이사왔다. 이런저런 원예 및 조경 관련 일을 하다가, 4년 전부터 비닐하우스 4동을 갖춘 협동조합 형식의 농장에서 실무책임자로 일하고 있다. 유기농 허브, 꽃모종 등을 재배하고 판매하는 일이 주된 업무다. 이 농장은 지역의 정신장애인이나 발달장애인에게 농사를 가르쳐 직업 재활을 도모하거나 직접 고용하는 '돌봄농장care farm'으로 제법 알려진 곳이다. 좋은 일을 한다고 지역사회로부터 긍정적인 평가를 받고 있다. 지역에서 15년을 거주한 A씨는 농장일 외에도 지역사회의 여러 활동과 마을 대소사에 참여하며 자연스럽게 어울려 산다. 1년에 몇 차례 온 동네 사람들이 나와서 풀을 깎거나 저수지 주변을 청소하는 '마을 부역'에 불참하는 일도 없다. 누가 보아도 '농민'이다. 그러나 A씨는 법률적 의미에서는 농업인이 아니다. 소속된 농장이 농업법인이 아니며, 개인 명의로 농지를 소유하거나 임차한 것도 없으며, 농산물 판매액이나 농업노동 시간을 근거로 농업인 자격 확인을 받는 것은 사실상 불가능하기 때문이다.

다른 한편, 같은 지역에 축사를 두고 양돈업에 종사하는 B씨(40세)는 모돈 1,000두의 적지 않은 사육 규모를 유지하는, 법률적으로 자격이 확실히 증명되는 '농업인'이다. 그러나 축사에서 직접 농작업을 하는 시간은 그리 많지 않다. 고용한 캄보디아 출신 외국인 근로자들이 대부분의 축사 일(농작업)을 맡아서 한다. B씨는 운영 자금을 확보하기 위해 농협 등 금융기관에 출입하는 경영활동에 시간을 주로 할애한다. 거주지도 축사가 있는 △△리가 아니다. B씨의 부모는 △△리에 거주했지만 사망했고, B씨는 △△리에서 12㎞ 떨어진 충청남도 도청이 있는 지역의 아파트에 거주한다. B씨는 최근에 축사를 확장했는데, △△리에서는 악취와 수질오염이 심해진다며 주민들이 강하게 반대한 바 있다. B씨는 이미 한동네 사람이 아니기 때문에, 마을 주민들로부터 반대의 목소리가 쉽게 나온다.

공익형 직접지불제와 농민수당 등의 보조금 정책, 그리고 농업인 또는 농민

앞에서는 논의를 집약적으로 진행하려고, 선명하게 대조되는 두 사례를 들었다. 여기에다가, 요즘 농정의 핵심의제 가운데 하나인 공익형 직접지불제 문제를 끼워넣어 살펴보자. '누가 농민(혹은 농업인)인가'라는 물음이 정말 중요해진다. 고려해야 할 요인이 셋 있다. 첫째는 '농민'이라는 말을 쓸 것인가, '농업인'이라는 말을 쓸 것인가라는 문제다. 둘째는 정부 또는 지방자치단체의 현금보조와 관련해서, '후불-보상'의 관점과 '선불-투자'의 관점, '기본소득'의 관점 중 어떤 것을 전제하는가라는 문제다. 셋째는 법률이나 제도 차원인가, 아니면 사회적 차원의 문제인가라는 점이다.

다음의 표는 앞에서 언급한 첫째 요인과 둘째 요인을 고려해서, 가능한 논점을 추려본 것이다. 현행 농업직불제는 어떤 논리에 기초한 것인가? 이 부분에 대한 확립된 견해는 없으나, 일반적으로 (1)번 논리에 기초한 것이라고 인식된다. (1)번 논리의 경우, 정말로 납세자들이

공익형 직불제 등 현금보조 정책의 가능한 논리

	후불-보상	선불-투자	기본소득
농업인	(1) 농업활동은 중요한 공익적 기능을 제공하므로, 농산물 가격에 반영되지 않은 그 대가를 농업인에게 지불해야 한다.	(2) 농업활동은 농산물 생산 외에도 중요한 공익적 기능을 수행해야 하므로, 그런 기능 수행을 촉진하려면 농업인을 지원해야 한다.	(5) 국민이라면 누구나 조건 없이 최소한의 생활을 누릴 수 있게 현금을 지원해야 한다. 당장에 전면적으로 시행하기 어려우면, 농민(또는 농업인)을 대상으로 우선 시행해야 한다.
농민	(3) 농업활동을 포함한 농민의 활동과 삶이 중요한 공익적 기능을 제공하므로, 농산물 가격에 반영되지 않은 그 대가를 농민에게 지불해야 한다.	(4) 농업활동을 포함한 농민의 활동과 삶이 중요한 공익적 기능을 수행해야 하므로, 그런 기능 수행을 촉진하려면 농민이 농촌에 계속 거주할 수 있게 지원해야 한다.	

수긍할 만큼 농업활동이 공익적 기능을 제공하는 게 사실이냐는 문제가 끊임없이 제기된다. (2)번 논리가 직불제 정책의 근거가 되어야 한다는 의견도 있지만, 문헌상으로 제출된 바 없으며, 소수 의견이다. 농업인에게 직접지불금을 제공해서 유지해야 할 공익적 기능의 수준이 어느 정도가 되어야 하는지에 대한 정치적 사회적 합의에 어떻게 도달할 것이냐는 문제도 있다.

요즘 농촌 지방자치단체 상당수가 앞다투어 추진하는 '농민수당'과 관련해서도 비슷한 문제가 생겨난다. '농민수당'을 (1)번 논리에 맞추어 제도화하면, 앞에서 예를 든 A씨 같은 농민들은 농민수당을 받지 못하는 문제가 생긴다. 그리고 (1)번 논리에 부합한다고 보기 어려운 B씨에게 정부나 지방자치단체가 보조금을 준다고 비판할 수도 있다. (3)번 논리에 맞추어 제도화하면 그런 문제를 해결할 수는 있다. 그런데, '농민'을 법률적으로 어떻게 규정할 것이냐 하는 또 다른 문제가 생겨난다. (2)번 논리에 맞추어 추진하자면, B씨의 축산활동에 대한 일정한 조정이나 규제를 전제로 농민수당을 지급할 수도 있다. 하지만 역시 A씨는 배제된다. (4)번 논리가 가장 적절한 듯하지만, (3)번 논리와 마찬가지로 '농민'을 법률적으로 정의하는 문제가 여전히 남는다. 그러니 (5)번 논리를 따라 농민(혹은 농업인) 기본소득제를 추진하는 것이 자격 문제를 우회하는 방안은 될 수 있다. 그러나, 기본소득 개념 자체와 상충한다는 문제가 있다. 즉, 기본소득을 이야기하면서 어떻게 특정 직업 범주만을 대상으로 할 수 있냐는 논란이 생긴다. 노골적으로 말하자면, 도시에서 어렵게 생활하는 영세 자영업자들이 적지 않은데 농민(또는 농업인)만을 대상으로 기본소득제를 추진하는 게 기본소득제의 원래 취지와 맞지 않다는 비판이 가능해진다.

농민, 지역territory, 커먼즈commons[5]

공적 자금을 지원하는 정책이라는 차원에서 문제를 바라볼 때 논의의 지형은 이상과 같다. 어느 하나 만족스럽지 않다. 어떤 논리를 펼쳐도 현실에 충분히 부합하지 않게 된 이 상황은, 어디에서 기인한 것일까? 아마도 '농민=농업인'이라는 등식이 성립하지 않게 된 것에서 원

---

5 한 사회의 모든 구성원이 접근할 수 있는 문화적 자원이나 자연 자원 따위를 넓은 의미의 '커먼즈commons'라고 한다. 공기, 물, 야생 동식물 따위를 그 예로 들 수 있다. 좁은 의미로는, 개인적·집합적 편익을 위해 사람들이 집단(지역사회, 이용자 집단 등)을 이루어 관리하는 자원을 커먼즈라고도 한다. 즉, 모든 사람들이 접근할 수는 없고 특정 사람들만이 접근할 수 있는 경우(가령, 어촌계원들만 어업적으로 이용할 수 있는 공유수면이나 갯벌, 지역의 농민들이 함께 이용하는 관개배수 시설)로 한정하는 것인데, 이런 유형의 커먼즈를 따로 일러 '공동풀자원common pool resource'이라고 한다. 좁은 의미이든 넓은 의미이든, 커먼즈는 사람들이 공동으로 보유하고 이용하지만 사적으로 소유할 수는 없는 것을 말한다. 커먼즈를 관리하는 메커니즘에는 다양한 비공식적 규범, 가치관 등이 수반된다.

인을 찾아야 하지 않을까? 그리고 '농민≠농업인'이라고 할 때, 그 차이점은 마을 또는 지역사회에서 여럿이 함께 살아간다는 사회적 차원에서 유래하는 것 아닐까? 작년 한 해 홍성군에 머무르는 동안 지역에 있는 풀무농업고등기술학교 3학년 학생들의 '농진로캠프'라는 프로그램에 참여한 적이 있다. 그때 '농민이란 누구인가'라는 주제로 설명을 해야 하는 상황이었는데, 고심 끝에 다음과 같이 나름의 정의를 내린 바 있다. "농민이란 부지런히 농사지으며, 농촌 마을에서 이웃과 더불어 살아가는 이를 말한다."

이 같은 정의는 일견 평범해 보일 수 있지만, 농민을 '직업 범주'로만 이해하지 않으며 '지역성'을 강조한다는 점에서 중요하다. 지역성(또는 사회적 차원)을 강조할 때, 개별 농민에게 현금을 보조하려는 정책의 설계 자체가 달라져야 하기 때문이다. 왜 개인들 각자에게 현금을 지불하는 정책만을 상정하는가? 개인별 지급이 잘못되었다는 이야기가 아니다. 그것은 필요하다. 다만, 그것만으로는 충분하지 않다는 말이다.

특히, 앞에 제시한 표에서 (4)번 논리에 따라 농민수당 제도를 고민한다면 더욱 그렇다. 농민이 농촌에서 농사짓고 이웃과 더불어 사는 생활은 커먼즈를 만들어내며, 그런 커먼즈가 전체 사회에 환경적으로나 사회적으로 바람직한 가치를 제공한다. 즉, 집합적collective 차원이 필연적으로 작동한다는 말이다. 그러므로 농산물 가격에 반영되지 않

예를 들어, 농촌 마을에서는 1년에 여러 차례 주민들이 모여서 마을 안팎의 길이나 수로 주변 잡초를 제거하는 '풀깎기' 관행이 상당히 많이 남아 있다. 그런데, 법률 같은 공식적 규범이 그런 공동체 활동을 강제하는 것은 아니다. 이처럼 자원을 집합적으로 관리함에 있어, 국가나 시장이 아니라 한 지역사회나 이용자 공동체가 스스로 만들어낸 제도를 통해 규율하는 일종의 사회적 실천까지도 커먼즈라고 정의할 수 있다. '공동자산' 또는 '공유재'라고도 번역하지만 커먼즈의 특징을 정확하게 분별해내지는 못하는 번역이어서 혼란을 일으킨다. 일본이나 한국의 민법에서는 '총유總有'라고도 번역한다. 정확한 번역은 '총유'이겠으나, 잘 쓰지 않는 용어여서 이 글에서는 '커먼즈'라고 표기한다.

는 특정한 사회적 환경적 가치 창출을 도모하려면, 농민들의 집합적 실천을 촉진해야 한다. 그런 촉진 수단 중에서 현금지원이라는 수단은 가급적 농민들의 집합적 단위(가령 농업환경 보전을 목적으로 농민들이 스스로 조직한 협동조합이나 마을 조직 등)에 제공될 때 실효가 높아질 테다. 그게 법률이나 정책에서 가능한 일이냐 하는 질문이 있을 수 있다. 하지만, 유럽연합EU의 농촌개발규정Rural Development Regulation이나 네덜란드 정부가 법률을 통해서 그런 사례를 만든 바 있다.

법은 자신의 과거를 청산함으로써만 다시 젊어질 수 있다 — R. 예링

법은 영원불변의 법칙을 표상하지 않는다. 법은 항상 '견고함'의 아우라를 내뿜지만, 사실은 투쟁의 와류渦流 안에 놓여 있으며 끊임없이 변한다. "법은 끊임없는 노동이다. 더욱이 이것은 국가 권력뿐만 아니라 모든 국민에게 요구되는 노동이다. 법의 총체적인 생명을 일별해볼 때 경제적 정신적 생산 영역에 종사하는 모든 국민의 끊임없는 투쟁과 노동의 생생한 모습을 우리 앞에 재현시켜준다. 자신의 권리를 주장해야만 하는 상황에 이른 개인들은 각각 이러한 국가 차원의 노동에서 자신의 몫을 담당하게 되고, 지상에서 법이념을 실현하는 데 조력하게 된다."[6] 그러므로 법률이 특정 집단의 정체성을 언제나 온전하게 규정해줄 것이라고 기대한다면, 순진한 생각이다. 오히려 법률이 한시적으로라도 또는 잠정적으로라도 특정 집단의 정체성을 제대로 규정하도

---

6 루돌프 폰 예링, 『권리를 위한 투쟁』, 윤철홍 옮김(책세상, 2018), 42쪽.

록, 제도와 정치의 환경을 바꾸려는 사회적 인정투쟁이 필요하다.[7]

그런 의미에서 제도 차원 못지않게, 사회 차원에서 '농민'은 이미 정의된 것이 아니라 새로이 정의해야 할 대상이다. 누가 정의하는가? 농민 자신들이다. 농민 스스로 '새로운 농민'을 정의하면서, 농민들 스스로 '새로운 농민층'을 구성해야 한다. 그 새로움은 무엇을 지향해야 할까? '자율성', '협동', '지속가능성'이라고 단언한다. 전 세계의 농업이 현대화와 산업화의 길을 걸어오면서, 현재와 같은 지구적 차원의 먹거리 체계global food system가 형성되었다. 농민이 농사짓고 살아가는 방식에 큰 변화가 생겼고, 농업·농촌의 지속가능성을 가늠하기 어려운 위기가 도래했고, 농민의 자율성은 크게 위협받고 있다.

나는
스스로의 힘으로 농업 자원을 형성 관리하며,
시장을 피할 수는 없으나 예속되지는 않는 농사를 지으며,
농촌 환경과 지역사회를 이웃과 함께 돌보고 가꾸면서,
보람과 긍지를 찾는 '새로운 농민'의 출현을 기다린다.

---

[7] "인정투쟁 테제의 핵심은 사회적 투쟁이 상호인정이라는 상호주관적 상태를 목표로 한다는 주장에 있다. (중략) 호네트가 인정이라는 개념에서 염두에 두고 있는 것은 다음과 같은 세 가지 형태로 이해할 수 있다. 첫째, 상호인정관계는 '사랑'이라는 형태 속에 있다. 사랑을 통해 그 당사자들은 정서적 욕구를 지닌 존재로 인정되며, 사랑을 통해 이 욕구 또한 충족된다. 둘째, 상호인정관계는 동등한 '권리'의 인정을 통해 형성된다. 이를 통해 각 개인은 자주적이고 도덕적인 판단 능력이 있는 존재로 인정된다. 셋째로 사회적 '연대'이다. 여기서 각 개인은 자기만의 특수한 속성을 지닌 존재로 인정된다. 그리고 이 세 가지 인정을 통해 각 개인은 비로소 한 공동체의 '완전한 구성원'이 된다." 악셀 호네트, 『인정투쟁: 사회적 갈등의 도덕적 형식론』, 문성훈·이현재 옮김(사월의책, 2011), 15~16쪽.

농민 농업, 자율과 협동†

얀 다우 판 더르 플루흐
와게닝겐대학교
농촌사회학부 명예교수

1 | 21세기 농민층과 농민 농업의 의미

행사명　2019 국제토론회 '농민 농업의 시대가 온다'
때　　　2019년 5월 20일 월요일 오후 2시
곳　　　국회 의원회관 제2소회의실
주최　　황주홍 국회 농림축산식품해양수산위원장, 오영훈 의원,
　　　　김종회 의원, 전국농민회총연맹, 전국여성농민회총연합
주관　　한국농정신문, 농업농민정책연구소 녀름

기후변화와 농민 농업

기후변화는 인류의 생사가 달린, 오늘날 세계가 당면한 가장 큰 문제다. 기후변화의 주요 원인으로 화석연료의 사용을 꼽을 수 있다. 그런데 화석연료 사용량 중 30~35%를 농업에서 사용한다. 농업의 유형을 불문하고 화석연료를 쓰고 있지만, 특히 상업적 농업, 즉 경영자 농업[1]에서 많이 사용한다.

---

† 이 글은 2019년 5월 20일부터 5월 24일까지 열린 세 차례의 세미나에서 얀 다우 판 더르 플루흐가 강연한 내용을 옮긴 것이다. 각 강연의 일시, 장소, 주최기관 등 주요 정보는 본문에 표기했다. 녹취록 정리 작업은 마을연구소 일소공도 협동조합의 신소희, 구본경 연구원이 맡았고, 김정섭 본지 편집위원이 원고 감수를 맡았다.

반면 농민 농업은 기후변화의 해법이 될 수도 있다.

네덜란드에서 지난 65년 동안 먹거리 생산에 사용된 에너지양을 계산한 연구가 있었다. 100GJ(기가줄, 10^9J)의 에너지를 가진 먹거리를 생산하는 데 필요한 화석연료의 양을 따져보았다. 태양에너지나 노동력, 기타 신재생에너지를 제외하고 순수한 화석연료의 사용량만을 계산했다. 가솔린, 전력, 가스, 비료 등 직접 투입되는 직접 에너지와 트랙터나 경운기, 농업용 드론 등 농업 기술을 개발하는 데 소요되는 간접 에너지로 나누어 계산했다. 1950년에는 100GJ의 먹거리를 생산하는 데 직접 에너지 41GJ, 간접 에너지 40GJ, 총 81GJ의 에너지가 사용됐다. 2015년에는 직접 에너지 101GJ, 간접 에너지 124GJ, 총 225GJ의 에너지가 들어갔다. 실제 생산한 먹거리의 에너지보다 투입한 화석연료 에너지가 두 배 이상 많다. 농업이 지구온난화에 기여하고 있다고 볼 수 있다.

이는 네덜란드 농업의 구조적 변화에서 기인한다. 1950년대 네덜란드 농업은 농민 농업에 가까웠다. 하지만 농업의 근대화 움직임이 일어났고, 농업의 산업화가 진행됐다. 농민 농업에서 경영자 농업으로 변모해감에 따라 농업에서 사용하는 에너지양이 증가했다.

비슷한 경향을 국가 간 비교에서도 확인할 수 있다. 동일한 에너지의 먹거리를 생산하는 데 네덜란드는 중국보다 에너지는 더 많이 노동력은 더 적게 사용한다. 네덜란드에서는 경영자 농업이 주류다. 중

---

[1] 플루흐는 세계의 농업을 각기 다르지만 서로 연결된 세 개의 배치, 즉 농민 농업peasant agriculture과 경영자 농업entrepreneurial agriculture, 그리고 자본제 농업corporate agriculture으로 구별한다. 이들 영농양식마다 사회적·물질적 자원을 빚어내는 방식, 그리고 사회적 자원과 물질적 자원이 상호 연관되는 방식이 다르다. 얀 다우 판 더르 플루흐, 『새로운 농민: 세계화 시대의 농촌 발전』, 김정섭 옮김(한국농정, 2019), 20~23쪽.

국에서는 지역 편차가 있지만, 대체로 노동집약적인 농민 농업을 주로 하고 있다.

농민 농업과 경영자 농업의 비교

그렇다면 농민 농업이란 무엇인가? 그리고 경영자 농업과는 무엇이 다를까? 농민 농업의 가장 중요한 특징은 생태자본을 기반으로 한다는 점이다. 경작지의 비옥한 토양과 수자원, 동식물, 가축, 종자 등 모든 자원을 자연에 기초해서 자체적으로 갖추고 있다. 반면 경영자 농업은 금융자본을 기반으로 한다. 각종 비료와 사료뿐 아니라 가축이나 종자 등 원자재도 구매하기 때문에 산업의 사슬 고리에 포함되고 금융자본의 지배를 받을 수밖에 없다. 생태자본을 동원하는 농민 농업에서는 농민의 노동이 중요하다. '자연과의 공동생산'에 필요한 농민의 지혜와 지식, 토착 기예, 의지가 주요 동력이다. 경영자 농업에서는 기계물리학적 테크놀로지가 중심이 되고 농민의 노동은 변방에 놓이게 된다. 그 때문에 간접 에너지를 많이 사용한다. 농민 농업은 노동에 대한 대가, 즉 농민의 충분한 소득 확보가 목표다. 경영자 농업은 농산업의 자본수익률을 높이는 것이 핵심 목표다.

하지만 농업을 농민 농업과 경영자 농업으로 딱 잘라 구분하기는 어렵다. 농업에는 여러 가지 발전 경로가 존재한다. 1963년부터 1992년까지 네덜란드 프리지아 지방 낙농업의 변화를 살펴보면 그 발전 패턴이 다양함을 알 수 있다. 어떤 발전 경로를 따르느냐에 따라 단위수확량, 영농 규모, 임노동 고용 수준, 지속가능성, 회복력, 경관·자연·생물다양성, 노동의 질, 전망, 먹거리 주권 등 농가의 영농방식과 그를 둘러싼 환경이 완연히 달라진다.

농민 농업의 중요성

국제연합식량농업기구FAO의 세계먹거리보장위원회the Committee for World Food Security는 2013년 6월 '먹거리 보장과 영양에 관한 고위급전문가패널 보고서The High Level Panel of Experts on Food Security and Nutrition'를 통해 소농에 투자해야 한다고 역설했다. 이 논의에서 농민 농업의 중요성이 강조됐다. 패널들은 농민 농업이 정지 상태에 있는 게 아니라 계속 진화해 나갈 수 있으며 먹거리 보장, 전반적인 경제 발전, 생산성, 고용과 소득, 경관 및 생물다양성, 기후, 지속가능성, 문화유산 등 여러 분야에 긍정적으로 기여할 수 있다고 주장했다.

근대화 과정에서 농업은 비약적인 발전을 이뤄냈다. 첨단 기술이 도입되고 외부 투입재와 에너지 사용량이 증가하면서 농업은 규모화되고 집약도 역시 높아졌다. 하지만 동시에 취약해졌다. 많은 농민이 큰 빚을 지게 됐고, 소득을 쥐어짜이는 상황에 놓이게 됐으며, 생태환경은 훼손됐고, 청년들은 농업에 진입하기 더욱 어려워졌다.

네덜란드 렐리스타드Lelystad 지역 연구소에서는 높은 기술력으로 생산 과정을 자동화한 경영자형 농장과 저비용의 농민형 농장을 비교하는 실험을 진행했다. 두 농장은 가까운 거리에 있었고, 노동자에게 같은 임금을 지불했다. 경영자형 농장은 1년에 80만kg의 우유를 생산했고, 농민형 농장은 1년에 40만kg의 우유를 생산했지만, 생산비를 빼고 난 소득 수준은 같았다. 그만큼 경영자형 농장에서 같은 양의 생산을 하는 데 에너지를 더 많이 투입했다는 뜻이다.

미래 세대의 농업

지금 전 세계 농업은 다시 갈림길에 서 있다. 첨단 농업을 추구하며 구조 조정을 반복할 것인가, 그 대신에 농민 농업을 발전시킬 것인가. 농민 농업을 통해 농업의 붕괴를 막자는 입장에서는 새로운 시장의 확대과 농생태학의 발전, 농업의 다기능성으로 농민 농업을 강화하자고 주장한다. 여기에 협동과 강력한 사회 운동, 정책적 지원, 부정적 문화 특성의 개선, 현장 맞춤형 기술까지 더하면 농민 농업은 미래에 강력한 강점이 될 수 있다.

비아캄페시나LA VIA CAMPESINA가 그 대표 사례다. 비아캄페시나 운동의 일환으로 만들어진 농민 시장farmers' market에서는 대형마트나 소매업체보다 품질 좋은 농산물을 낮은 가격으로 살 수 있다. 비아캄페시나 운동이 활발한 브라질에는 급식 유통 체계가 잘 짜여 있다. 농민들은 먹거리 제국과 대규모 산업 시장을 우회해서 소비자와 직접 연결되는 통로를 새롭게 만들어냈다. 또한 농산물을 가공해서 부가가치를 높이고 지역 경관을 스스로 관리하면서 소득을 창출하는 등 여러 실천을 통해 농민 농업을 강화하고 있다.

농민 농업의 핵심은 살아있는 자연이다. 이탈리아의 한 농장에서는 제초제나 화학제품을 전혀 사용하지 않고 소들을 완전히 방목해서 양질의 우유를 생산한다. 이 농장의 우유는 소비자로부터 큰 호응을 얻고 있다. 실제로 관행 농장과 방목형 농장을 비교한 과학적 연구에서 관행 농장보다 방목형 농장의 가족노동 대비 가구소득과 노동단위 및 총생산가치 대비 부가가치가 더 높은 것으로 나타났다.

농민 농업은 과거의 유물이 아니다. 오늘날 전 세계 곳곳에서 실천하고 있는 농업이며 미래에 더 유망한 농업이다. 최대한 살아있는 자연, 즉 생태학적 자원을 활용하여 기후변화도 완화할 수 있고 경관 관리 활동 등으로 고용을 창출하면서 농가의 조수입도 올릴 수 있다. 먹거리 제국에서 벗어난 농민 농업은 경영자 농업보다 더 많은 가치를 생산한다.

우리 행성의 미래는 농민 농업에 달려있다고 해도 과언이 아니다. 농민 농업이 강화된다면 우리 지구는 보다 더 살기 좋은 곳이 될 것이다.

2 농민 스스로 지역 만들기

행사명 2019 농촌마을정책 작은국제학술행사 '농민 스스로 지역 만들기'
때 2019년 5월 22일 수요일 오후 4시 30분
곳 장곡면 오누이다목적회관
주최 충남연구원 충남마을만들기지원센터, 마을연구소 일소공도 협동조합

농민의 저항 방식

네덜란드 북부 프리지아 지역은 중요한 농민투쟁이 있었던 장소다. 그 투쟁의 결과로 북프리지아숲 지역협동조합the Northern Frisian Woodland(이하 'NFW 지역협동조합')[2]이 만들어졌다. 25년 전 30명의 농민으로 시작한 NFW 지역협동조합에는 현재 1,000여 명의 조합원이 참여하고 있다. 소수의 소농이 모여 설득력을 갖추고 꾸준하게 운동해 온 결과다. 그 시작이 아무리 미약해도 좋은 목적이 있다면 주저하지 말고 계속해서 시도하라는 정치적인 교훈을 얻을 수 있다.

농민들이 할 수 있는 사회적 투쟁에는 세 가지 방식이 있다. 첫 번째 방식은 길을 점령하거나 슬로건을 내세우는 등의 '공공연한 저항'이다. 두 번째 방식은 '은밀한 방해'다. 밭에서 태업하여 땅값을 낮추거나 작업을 방해하며 지주에게 투쟁하는 등 공공연하게 드러나지는 않지만, 약자가 할 수 있는 은밀한 방식으로 강자에게 저항하는 방식이다.

---

2 북프리지아숲 지역협동조합NFW의 역사와 활동 내용은 『마을』 3호(2019. 1)에 실린 김정섭의 글, 「농업환경의 보전과 지역사회의 실천: 네덜란드 지역협동조합의 기원과 특징」에서 소개된 바 있다.

제임스 스콧James C. Scott은 이를 '약자의 무기'라고도 일컬었다.[3] 세 번째 방식은 농민 스스로 생산 및 노동 과정에 개입하여 농업을 조금 더 대안적인 것으로 재조직하는 것이다. 생산 및 노동 방식의 재조직은 농촌 경제를 재조직하고 강화한다. 자본주의 시장에만 의존하는 것이 아니라 농촌에 기반을 둔 시장을 새롭게 만들어낸다. 시장이 바뀌기를 기다리는 것이 아니라 농민이 주도적으로 새로운 해법을 찾아간다.

NFW 지역협동조합의 배경

네덜란드 북프리지아 지역은 작은 초지들이 넓게 펼쳐져 있고, 그 초지 사이의 경계를 생울타리가 감싸고 있는 풍경이 특징이다. 생울타리 주변에는 여러 곤충과 뱀, 새, 동물 등 다양한 생명이 함께 어우러져 산다. 지역 농민들은 이 아름다운 경관과 생태계를 오랫동안 어렵사리 가꾸고 지켜왔다. 하지만 역설적이게도 이렇게 아름다운 경관과 풍부한 생물다양성이 문제의 발단이 되었다. 네덜란드 정부가 갑자기 경관과 생물다양성을 보전한다면서 농민들을 쫓아내려고 한 것이다. 지역의 농민들은 즉각 대응했다. 이 환경은 우리 선조들이 가꾸고 지켜온 것이니 지역 농민 스스로 계속 이를 보호하고 유지할 수 있게 해달라고 정부에 요구했다. 농민들은 지역협동조합을 조직해서 지역의 생울타리 경관과 생물다양성을 보호할 계획을 세우고, 자신들이 직접 관리할 테니 정부는 그 활동에 합당한 보상을 하라고 역으로 제안했다. 그렇게 하지 않으면 생울타리를 모두 잘라버리겠다고 경고하기도 했다. 결국 기나긴 투쟁 끝에 농민들의 요구가 받아들여졌다. 농민들이 지역

---

3 Scott, J., 1985, *Weapons of the Weak: Everyday Forms of Peasant Resistance*, Yale University Press.

경관을 가꾸면서 부가 수입을 올리는 새로운 현상이 나타났다.

사실 이런 일이 일어난 시기는 농민들이 큰 위기를 겪고 있을 때였다. 1950년 이후 농업 생산비용과 수입이 꾸준하게 오르다가 1985년경 생산비용은 급격하게 증가하고 반대로 수입은 증가세를 멈췄다. 농가소득이 이중으로 '쥐어짜이는' 상황에 놓인 것이다. 지역협동조합의 경관 관리 활동은 그런 위기에 대응하는 농민들의 새로운 실천이었다.

'좋은 거름 만들기': 참신성 창출과 농민의 자율성 확대 과정

영농방식에도 새로운 변화가 생겼다. '좋은 거름'이 대표적인 사례다. 낙농업의 전형적인 순환구조는 다음과 같다. 소를 키워 우유와 고기를 생산하고, 발생한 분뇨는 거름으로 만든다. 거름은 (외부에서 구입한) 비료와 함께 토양에 투입해서 사료작물을 키우고, 그 자가사료는 다시 (외부에서 구입한) 농후사료와 함께 소에게 먹인다. 이 과정에서 농민이 잘 숙성되고 더 좋은 거름을 만들어내면서 생산 과정이 미세 조정된다. 좋은 거름으로 토양이 건강해지고 양질의 건초를 더 많이 생산할 수 있게 된다. 일정 수준 이상이 되면 외부로부터 비료와 사료를 구입하지 않아도 되므로 생산비를 절감할 수 있다. 또한 좋은 사료를 먹은 소는 더 좋은 품질의 우유와 고기를 생산하며 최종적으로 다시 좋은 거름을 만들어낸다. 이는 농민의 자율성이 확대되는 과정이기도 하다. 농민의 입장에서 자율성이란 추상적인 개념이 아니다. 구체적인 방법으로 영농방식과 환경조건을 개선하고 관리해서 자기통제력을 키워나가는 매우 현실적인 의미를 지닌다.

좋은 거름은 질소를 훨씬 적게 방출할 뿐만 아니라 토양생태계를 풍부하게 만든다. 다양한 미생물과 소小생물은 다시 토양에 영양분을 공급한다. 건강한 토양은 같은 양의 질소로 더 많은 풀을 키워낼 수 있다.

즉, 생산효율이 높아지고 더 많이 수확할 수 있게 된다. 토양의 촘촘한 먹이사슬은 연쇄적으로 많은 종류의 곤충, 새, 뱀, 토끼, 사슴 등과 그들의 천적인 여러 상위 동물들을 불러온다. 풍요로운 목초지와 생물다양성은 지역의 건강한 생태계를 드러내는 지표가 되고, 사회로부터 인정받게 된다. 이 같은 선순환은 농민이 '좋은 거름'을 만들면서부터 시작되었다. 이러한 순환 과정은 먹거리 품질 개선, 농촌 지역경제 강화, 자연 자원 및 경관 수준 향상, 생물다양성 증대, 삶의 질 향상이라는 결과를 낳았다. 이는 결국 농민 농업의 강화와 연계된다.

이러한 경험을 통해 농민들은 많은 것을 배웠다. 계속해서 '참신성 novelty'을 만들어내는 계기가 되기도 했다. '참신성'이란 새로운 어떤 것이다. 새로운 실천, 새로운 통찰, 예상하지 못한 흥미로운 결과 등을 말한다. 과학기술이나 정부, 먹거리 제국과 같은 외부의 힘이 관여한 것이 아니라 농민 스스로 참신성을 만들어냈다. 작은 참신성들이 모여서 새로운 구조를 만들고, 더 긍정적인 변화를 이끌어간다. 이것이 바로 앞에서 말한 농민의 '세 번째 저항 방식'이다. 참신성들을 서로 연결하면서 농민들은 스스로 자립 기반을 강화해 나간다.

NFW 지역협동조합의 활동 원칙

NFW 지역협동조합의 활동에는 네 가지 원칙이 있다.

첫째, NFW 지역협동조합은 조합원을 대변해서 정부와 협상하는 방어벽 역할을 한다. 과거에는 정부가 개별 농가를 정책 대상으로 삼았다. 이제는 NFW 지역협동조합이 '뒷문'에서 조합원과 합의한 내용을 바탕으로 '앞문'에서 정부와 협상하고, 정보와 자원을 다시 '뒷문'의 각 조합원에게 옮기는 역할을 한다.

둘째, NFW 지역협동조합은 여러 가지 활동을 만들고 통합적으로 관리한다. 자연경관을 관리하고 대기·토양·수질을 개선하는 활동부터 생산물 품질 개선, 휴양·관광 활성화, 비용 절감, 동물 복지 및 건강, 토지은행, 녹색 에너지 활용까지 다방면으로 활동한다. 또 이 활동들은 모두 연결되고 중첩되어 있으므로 그 상호관계를 고려하여 통합적으로 관리하고 실천한다.

셋째, 지역의 문제는 지역의 힘으로 해결하고자 노력한다. 지역의 문제를 확인한 후, 공동으로 해결책을 모색하고, 그것을 활동 프로그램으로 반영하여 정부를 설득하고 합의하는 과정까지 NFW 지역협동조합의 역할이다. 이때 지역에서 공유하고 있는 가치가 바탕이 된다. 지역사회에서 공유하는 가치를 구체화한 NFW 지역협동조합의 강령은 다음과 같다.

1. 지역사회
2. 땅과 사람의 통일성
3. 순하게 농사짓기
4. 우리 자신의 권리와 자격
5. 우리가 더 잘한다
6. 신뢰
7. 느리지만 꾸준한 진보
8. 혼자가 아니다
9. 미래를 돌보기
10. 만족과 기쁨

특히 지역 공동체 감수성과 강력한 결속을 존중하는 1번 '지역사회'와 자연과 부드럽게 관계 맺으며 책임감 있고 지속가능한 방식의 농업, 즉 농민 농업을 실천한다는 측면에서 3번 '순하게 농사짓기', 지역과 관련된 모든 계획과 의사결정에 참여할 자격을 주장하는 4번, 신뢰·협동 의지의 선순환을 바탕으로 지역사회 발전을 모색하는 5번과 6번, 마지막으로 조합원이 기쁨과 만족을 느끼며 활동할 수 있길 바라는 10번 강령은 홍성 지역 농민에게도 중요한 의미를 전하고 있다.

넷째, 농민 스스로 지식을 만들어낸다. 농민이 생산한 지식은 정부와의 협상에서 무기로 활용할 수 있다. 예를 들어 농민들은 지역의 동물들을 꼼꼼하게 관찰하고 기록해서 지역 내 동물의 서식 환경과 습성에 대한 전문적인 지식을 구축할 수 있다. 실제로 NFW 지역협동조합의 농민들은 연구자들과 함께 초지에 모여 사는 새들의 서식지를 조사하고, 절약형 영농이 새들이 더 잘 살 수 있는 환경 조건을 만들어낸다는 관계를 밝혀냈다. 그래서 농민이야말로 지역의 생물다양성을 보전하는 방법을 가장 잘 알고 관리할 수 있다는 사실을 보여주고 정부를 설득했다. 이러한 지식은 경작지 수로 정비, 경관 관리, 생산 방식의 변화 등 다양한 범주로 확장됐다. 생울타리를 확대 조성해서 연결성을 증진하고 전체적인 생물다양성을 증가시키는 '참신성'도 NFW 지역협동조합 스스로 일궈낸 사례다.

NFW 지역협동조합의 의미

농업 생산비는 증가하고 수입은 감소하는 위기에 북프리지아숲의 농민들은 다각적으로 대응했다. 지역 경관을 관리하고 생물다양성을 보호하는 활동으로 정부로부터 지원금을 받고 소득을 늘렸다. 또 '좋은 거름'을 직접 만들어서 쓰는 등 생산비는 줄이고 생산성을 높이면서 스스로 영농 기반을 강화했다. NFW 지역협동조합은 농민 한 사람 한 사람이 만들어낸 참신성들을 엮어서 더 큰 힘으로 만드는 역할을 했다. 이 힘들을 연결하면 농업 정책의 변화뿐 아니라 사회 혁신을 견인하는 흐름을 만들어 낼 수 있다. 이것이 바로 일상에서 일어나는 농민의 투쟁 방식이다. 그리고 이러한 투쟁은 현재 세계 곳곳에서 펼쳐지고 있다.

브라질의 '토지 없는 농민'들이 새로운 정착지에서 농업을 시도하는 곳을 방문한 적이 있다. 마을 입구에 '점령하라, 저항하라, 생산하라, 협동하라'는 구호가 걸려 있었다. 자신이 통제할 수 있는 공간을 점령 ocupar하고 그곳에서 버티고 저항resistir하며 자본이나 국가보다 더 참신하고 자연친화적으로 생산produzir하고 협동cooperar한다. 아주 단순하지만 진실하게 '새로운 농민'의 시도를 보여주고 있었다.

'새로운 농민'이 희망을 발견하는 법[4]

오늘날 전 세계의 농민은 매우 열악한 상황과 우호적이지 않은 구조 속에서 살아가고 있다. 하지만 농민은 때로 수동적이고 때로 적극적이며 시간과 공간에 따라 다양한 태도와 방식으로 위기에 대응할 수 있다. 사실 더 나은 살림살이와 자식들의 미래를 위해 애쓰는 농민의 삶은 그 자체가 투쟁이다.

다른 지역의 성공 사례를 접할 때면 우리 지역 현실에 적용할 수 있을까를 의심하게 된다. 하지만 NFW 지역협동조합도 처음에는 아주 작은 시도였다는 점을 기억해야 한다. 지역에서 소수의 농민이 시작한 활동이 시간이 흐르면서 새롭고 강력한 조직이 되었다. 열쇳말은 창의성과 꾸준함이다. 문제에 부딪힐 때, 절망하지 않고 작은 참신성을 꾸준히 만드는 것이 중요하다. 현실적인 문제를 논의하고 고민하는 과정에서 농민의 학습이 일어나고 철학이 깊어진다.

---

[4] 자유토론과 질의응답 시간에 청중과 나눈 대화 내용을 종합해서 정리했다.

감사하게도 세계 곳곳 여러 나라의 농촌 지역을 방문할 기회가 있었다. 농촌마다 상황은 각양각색이지만 그럼에도 불구하고 각 지역에서 드러나는 공통점이 있다. ⑴지역의 문제가 무엇인지 파악한다. ⑵그 문제를 어떻게 해결할 수 있을까 탐구한다. 해결책이 아무리 사소하고 보잘것없더라도 부끄러워하거나 두려워하지 말고 이후에 더 큰 힘의 요소가 될 수 있다고 여긴다. ⑶지역의 아름다움이 무엇인가를 발견한다. 지역의 문제에만 집중할 것이 아니라 지역의 장점, 아름다움을 발견하는 것 또한 중요하다. ⑷이 아름다움을 어떻게 지켜나갈 것인가를 생각한다. ⑸앞서 생각했던 문제와 작은 해결책들, 지역의 아름다움을 지키는 방법을 결합해서 사회가 수용할 수 있는 새로운 모델을 만들어낸다. ⑹그 모델을 가지고 정부와 협상한다. ⑺이때 사람들을 설득할 수 있는 지식을 스스로 갖추는 것이 중요하다. ⑻협동조합이라는 아주 강력한 무기를 만들어낸다. ⑼그리고 꾸준하게 한다. ⑽마지막으로, 앞서 나열한 모든 고민과 시도들은 농촌 지역사회를 강화하기 위한 목적으로 행해져야 한다.

새로운 시도는 항상 관행화conventionalization될 위험을 품고 있다. 어떻게 하면 예전의 행태로 돌아가지 않을 수 있을까? 첫째, 끊임없이 참신성을 생산한다. 새로운 것을 만들어냈다고 해서 그 하나에 집착하거나 안주하지 말고 계속해서 다양한 새로움을 만들어야 한다. 둘째, 커먼즈commons를 마련하고 계속해서 공유할 수 있는 방법을 찾아 실행하며 공유지식체계를 갖춘다. NFW 지역협동조합은 돈으로 살 수 있는 사례가 아니다. 이렇게 마련한 커먼즈는 자본이 통제할 수도, 복제할 수도 없다. 셋째, 젊은 사람들의 마음을 얻어 창의성을 발휘하고 참신성들을 만들어낼 수 있도록 유도한다. 이 마지막이 가장 중요하다.

주지하다시피 우리는 아주 적대적인 환경 속에서 살아가고 있다. 하지만 농민들의 투쟁에는 희망이 있다. 그것은 다시 기쁨으로 찾아올 수 있다.

3 | 농촌 사회와 농민 농업을 통찰하는 다섯 가지 원칙

행사명   한국농촌사회학회 2019년 춘계학술대회
        '농촌의 지속가능성, 농민 실천과 지방 농정'
때   2019년 5월 24일 금요일 오후 1시
곳   전남대학교 사회과학대학관
주최   한국농촌사회학회

한국농촌사회학회 2019년 춘계학술대회 주제 '농촌의 지속가능성, 농민 실천과 지방 농정'은 전 세계 농촌에서 일어나는 일들과 깊은 관련이 있다. 우리 사회가 책임감을 가지고 농민 농업을 생각해볼 수 있는 계기가 되면 좋겠다. 오늘은 다양한 상황을 대할 때 경험적 현실reality을 어떻게 받아들이고 해석할지, 다섯 가지 방법론적 원칙을 이야기하겠다. 나는 이 원칙들을 지침 삼아 농촌 사회와 농민 농업을 통찰해볼 수 있었다.

모든 것은 흐른다 Everything flows
모든 것은 흐른다. 멈춰 있지도, 고정되어 있지도 않다. 이러한 생각은 고대 중국이나 그리스의 철학에서도 발견할 수 있다. 흔히 농촌 사회와 농업은 전통에 얽매여 있고 매우 천천히 변화한다고 생각한다. 과거에 있었던 농민 농업은 근대화 과정에서 사라졌다고 여기는 사람도 더러 있다. 하지만 자세히 들여다보면 농촌 사회와 농민 농업은 매우 역동적으로 움직이고 변화하고 있다. 위기에 대응하고 새로운 상황에 적응한다. 여러 가지 시행착오를 겪으면서도 새로운 농민이 다시 등장하고 새로운 도전을 계속하고 있다. 시간이 지남에 따라 농민 농업은 다양한 형태로 나타났다. 이 또한 단선적이지 않다. 현재도 탈농민화가 일어나는 동시에 재농민화가 일어나는 등 현상은 복잡하게 발생한다.

우리는 표면만 보고 판단하는 경향이 있다. 규모가 크고 고도의 기술력과 자본력을 가진, 멋져 보이는 농업은 사실 엄청난 부채와 취약함을 가지고 있는 경우가 많다. 반대로 1,000㎡ 남짓한 작은 땅에서 맨몸으로 농사짓는 청년들은 별로 멋져 보이지 않지만, 사실 우리는 이미 후자 방식의 농업이 사회에 더 크게 기여한다는 이미지를 가지고 있다. 모든 것은 변화하고 있기 때문에 그 과정을 주시해야 한다. 눈에 보이는 현상으로만 가치를 판단하지 말고 그 내부를 잘 들여다봐야 한다. 이것이 바로 첫 번째 원칙이다.

뿌리내림(착근성, rootedness)에 주목하기

두 번째 원칙은 뿌리내림(착근성)이다. 이는 들뢰즈와 가타리가 이야기한 리좀rhizome과 연관이 있다. 우리 사회에는 눈에 보이진 않지만 중요한, 숨겨진 뿌리들이 있다. 그 뿌리는 농촌 지역사회의 집합적 기억 collective memory일 수도 있고, '좋은 토양을 가꾸는 방법'처럼 과거로부터 전해져 내려온 토착 지식이자 농생태학적 실천 방법일 수도 있다. 하지만 이러한 뿌리들은 주류 담론에서는 다뤄지지 않고, 현대 사회에서 잘 드러나지 않는다. 우리는 숨겨진 뿌리들을 더 잘 살펴봐야 한다.

이질성heterogeneity의 포용과 연결

세 번째 원칙은 이질성이다. 모든 것을 평균으로 수렴시켜 재현representation하는 것이 아니라 이질성들을 어떻게 포용하고 서로 연결하는가가 아주 중요하다. 나라마다 지역마다 그 지역의 환경과 상황에 뿌리내린 방식으로 다양하게 영농을 조직한다. 다양한 영농 방식은 위기와 변화가 역동하는 현대 사회에서 보물과 같다. 예상치 못했던 변화에 유연하게 대처할 수 있고, 여러 가지 문제 해결의 실마리를 제공하기도 한다.

유럽에는 빚을 내서 규모를 확대해 나가는 형태의 농업과 절약형 영농으로 자립 기반을 강화해 나가는 형태의 농업이 있다. 예상치 못한 위기, 큰 변화가 닥칠 때는 절약형 영농 형태가 훨씬 더 끈질기고 회복력이 있다. 농업 정책도 마찬가지다. 일반적으로는 크고 튼튼해 보이는 말에 돈을 걸어야 한다고 생각하고 잘될 것 같은 곳을 골라 더 많이 투자하고 지원한다. 하지만 한 마리 말에만 돈을 걸면 실패할 가능성이 크다. 돈을 건 한 마리 말이 절름발이이면 어찌할 것인가? 최대한 여러 형태의 농업을 지원할 수 있도록 정책을 바꿔야 한다.

주조할 수 있는 능력 mouldability

네 번째는 주조할 수 있는 능력이다. 사회적·물질적 현실을 재구성해서 새로운 형태로 만들어내는 능력을 말한다. 농촌에서는 다양한 실천을 엮어서 여러 가지 변화의 경로를 만들 수 있다. 농업 역시 나무나 철처럼 고정된 실체가 아니라 진흙처럼 여러 형태로 주조하고 만들어볼 수 있다. 고추 재배농가의 영농스타일 farming styles을 연구한 김정섭의 박사논문[5] 내용을 예로 들 수 있다. 같은 지역에서도 농가의 상황에 따라 농사 규모, 종자 선택, 농약과 비료 사용, 단위수확량, 고추의 크기, 맛, 유통 경로, 가공 방식, 판매 금액 등이 다 다르다. 같은 고추 농사라

---

5 김정섭, 「고추 재배 농가들의 영농양식」, 서울대학교 박사학위논문, 2015.

도 다양한 변수가 존재하고 그 결합이 무궁무진하다. 농민은 자신의 상황에 맞게 영농 방식을 주조해 나가면서 농업의 지속가능성, 고용과 소비의 측면, 기후변화까지 다양한 측면을 다룰 수 있다. 그렇기 때문에 농촌 사회학자는 이러한 이질성이 얼마나 중요한 가치를 담고 있는지 잘 설명해야 하는 책임이 있다.

주체agency로서의 농민

마지막 원칙은 주체성이다. 주체성이란 사회적·물질적 현실을 변화시킬 역량을 갖춘 존재, 그 결정권을 가진 사람을 의미한다. 농업의 주체는 바로 농민이다. 시장, 테크놀로지, 제도 등과 관련된 다양한 행위자가 있지만, 그 가운데서 농민은 여러 가지 요소를 결합하고 조직하면서 농업과 농촌 사회를 주조해 나간다. 그리고 이 주체들에 의해서 참신한 현실들이 새롭게 만들어진다.

미래의 희망, 농민 농업

이상으로 농촌 사회를 연구할 때 적용할 수 있는 다섯 가지 방법론적 원칙을 살펴보았다. 나는 그동안 이러한 방법론적 원칙으로 네덜란드, 이탈리아, 페루, 콜롬비아, 브라질, 중국 등 여러 나라의 농촌을 연구했다. 그간 연구 활동의 시사점을 정리해보면, 먼저 농민 원칙peasant principles이 있다. 농민은 일상을 영위하면서 더 나은 삶을 원한다. 단순히 개인의 살림살이를 염려하는 것이 아니라 다음 세대 자녀들의 삶, 나아가 공동체의 삶이 더 나아지길 염원하고 투쟁한다. 농민은 이러한 해방적 열망으로 자기자립 기반을 점차 강화해 나간다.

오늘날 전 세계 농민이 마주한 환경은 매우 적대적이다. 농민으로서 존중받지 못하고 오히려 농업으로부터 축출당하고 소외되고 있다.

하지만 농민들은 결코 수동적이지 않다. 자율성을 증대해 나가는 방식으로 그 흐름에 저항한다. 가능하면 더 지속가능한 방식으로 생산하고, 자신의 힘으로 공동체를 가꾸고 돌보고자 한다.

우리는 보다 평등한 사회와 경제 민주화를 바란다. 그 과정에서 농민 농업이 매우 핵심적이다. 남녀가 함께 활발하게 활동하는 농민 농업은 경제 민주화를 대표하고 견인하는 요소로 작동할 수 있다. 농민 농업은 과거의 유산이 아니라 미래의 희망이 될 수 있다.

기술의 발전과 농민의 대응[6]

현대 기술technology은 주로 노동을 대체하는 방식으로 나타난다. 과학자가 만든 이러한 기술은 대부분 설명서가 있다. 노동자는 기술을 연마할 기회를 잃고, 버튼만 누르면 되는 단순노동직으로 밀려난다. 즉, 탈숙련화된다de-skilled. 이러한 기술은 비싸다. 사용자는 기술을 획득하기 위해 빚을 내게 되고, 결국 채무 때문에 취약해진다. 이런 기술은 석유를 많이 사용한다. 농사지을 때 투입하는 직접 에너지 외에 기술을 개발하고 실행하는 데 드는 간접 에너지의 사용이 급증했다. 결과적으로 이런 기술은 농민 농업과 배치背馳된다.

반면 사용자의 숙련도를 증진하고 다양성을 확대하는 기술이 있다. 특히 아시아에서 기계에 의존하지 않고도 농민 스스로 기술을 개발하고 활용해서 생산성을 높이는 사례가 나타나고 있다. 낙농업을 예로 들면, 예전에는 자본을 투입해서 농장 규모를 키우고, 우유 공장의 설비를 현대화시키는 방식으로 기술을 사용했다. 최근에는 작은 규모에서도 농민들이 쉽게 각 생산 과정을 통제하고, 우유를 가공하고 상품

---

[6] 자유토론과 질의응답 시간에 청중과 나눈 대화 내용을 종합해서 정리했다.

화하는 것이 가능하도록 IT 기술을 활용하고 있다. 한편 일본에서 개량한 매실 묘목을 중국의 농민이 인터넷으로 주문하기도 한다. 농민은 이미 자신에게 필요한 기술을 알아서 활용하고 있다. 이러한 사실들로 미루어볼 때, 기술이 단순히 하이테크인지 로우테크인지는 중요하지 않다. 농민 스스로 그 기술을 얼마나 체화하고 자기통제 하에서 사용할 수 있는지가 중요하다.

농민다운, 농민 농업에 적합한 기술을 개발하려면 어떻게 해야 할까? 다양하고 역동적인 관계를 맺어야 한다. 네덜란드 와게닝겐대학 Wageningen University에서는 학자와 농민이 함께 연구한다. 농민 스스로 일부분이라도 재원을 마련하고 연구를 제안한다. 새로운 기술은 농민의 필요를 우선으로 충족시킨다. 과학자와 농민이 함께 농업의 지속가능성과 생태환경을 고려하고, 다양성과 이질성을 포용하는 방식으로 기술 발전을 고민하면 좋겠다. 결국, 누가 기술 개발을 주도하느냐, 어떤 방식으로 개발하느냐가 훨씬 더 중요하다.

농민 농업과 경영자 농업이 경쟁하고 양분되는 구조에서 정부는 어떤 역할을 해야 할까? 우크라이나에서 3개월 전에 살균하고 탈지 가공한 우유가 이탈리아에 들어와 '신선 우유'로 둔갑하는 현실을 바로잡아야 한다. 무조건 농민과 농업을 보호하는 것이 아니라 잘못된 시장의 조건과 기술, 구조를 바꾸는 역할을 해야 한다. 기술은 투쟁의 장이다. '누가 어떤 기술을 어떻게 개발할 것인가?'라는 질문을 던져야 한다.

여성 농업인의 자리는 어디인가

김 귀 영
농정원 귀농귀촌센터장

오랫동안 여성 농업인으로 살아온 그들의 역할

아침 일찍 동네 한가운데 봉고차가 와서 멈추었다. 나이가 적어도 70세는 넘었을 아주머니들이 토시에 뒷목 가려주는 그물망 달린 작업 모자에 장갑 낀 손에 밭일용 작업방석을 엉치쯤에 매달고 서둘러 나오신다. 이분들은 양쪽 어깨를 뒤로 바짝 제끼고 배는 앞으로 약간 내밀며 허리를 뒤로 약간 꺾고 다리는 O자형으로 벌어진 채 양팔로 뒷짐을 지고 걸으신다. 전형적인 농부 병病 걸음이다. 5월인데 이미 폭염인 날씨에는 전혀 어울리지 않지만 오늘은 건너 건너 마을 인삼밭 김매기 품 팔러 가는 날. 평소 인삼밭 집과 친한 순이할매가 연결한 품일이다. 우리 마을에서 갈 수 있는 여자들은 모두 나온 것 같다. 봉고차가 떠난다.

차 안은 금세 아주머니들의 수다로 꽉 찬다. "우리 딸이 오늘 나 일 간 거 알면 난리칠껴… 아침에도 전화 와서는 오늘 더우니 아무 데도 가지 말고 밭에도 나가지 말라 성화했껄랑… 그랬는데 내가 인삼밭 품 팔러 간 줄 알면 지랄할겨……." "아이고 농사라는 게 어디 그런 감… 바쁠 때는 서로 일손도 거들어주고 그래야지 어쩔 수 없자녀… 그리고 지들한테 손벌리기 싫어… 그래도 요즘 젊은 사람들은 남일 잘 안 하러 가… 새로 이사 온 민철이 엄마더러 오늘 안 바쁘면 가자고 했더니 안 간다… 저번에 과수원 일하러 갔다가 너무 힘들고 다른 사람한테 미안하고 그러다 아팠나 보더라고… 아직 농사일이 익숙지 않아서 그러지… 우리야 뭐 병원 가는 건 또 가는 거고… 영이 엄마 보소. 지난번 관절염 수술한 뒤로 아무것도 못 하재녀… 일 안코 놀면 부러울 줄 알았는데 영 안됐더만… 그래도 요즘 밭에 안 나오고 집 안에만 있으니 얼굴은 뽀얗하니 이뻐졌드만… 우리 영감 점심까지 자시게 준비해놓고 오니라 늦었구먼… 여적 영감탱이 밥 챙겨주남? 일하러 가면 알아서 챙겨먹든지 해야지… 난 일 가면 밥 안 챙겨. 알아서 먹으라고 해… 밭에 나가서 일하는 것보다 집안일 하는 게 더 성가시고 힘들어… 그건 누가 돈도 안 주자네… 아 영감들이야 다들 회관서 모여서 점심 해먹겠지 뭐…….” 봉고차는 그녀들의 수다를 태우고 인삼밭으로 떠났다.

아주머니들이 이웃 마을 인삼밭으로 품 팔러 간 사이 남자어르신들은 에어컨이 쌩쌩 돌아가는 마을회관에 모여 장기두기도 하고, 화투치기도 하고, 회관에 새로 들여온 안마의자에 앉아 잠이 들기도 하면서 시간을 보낸다. 논에 물꼬를 보러 한 바퀴 휙 둘러보러 가시거나 농협이나 신협에 일보러 가거나 읍내 농약상이나 다방에서 정보를 얻기도 하지만, 나이든 남자 농사꾼의 일거리는 그리 많지 않다. 기계나 힘을 써서 하는 남자들의 농사 일거리와 달리 여자들의 농사일은 나이가 들어도 멈추지도 줄지도 않고 계속되는 노동이다. 규모가 좀 큰 농가 경영주는 한결같이 동네 여자어르신들이 돌아가시면 농사를 진짜 접어야 하는 게 아닌가 하고 걱정들이다. 동네 아주머니들을 잘 보살펴야 한다고 입을 모은다. (농사 규모가 좀 큰 곳은 대부분 외국인 근로자들이 일한다.)

최근 한국농촌경제연구원이 발표한 조사 결과에[1] 따르면 농업을 하는 데 가장 큰 애로사항 1위로 꼽는 것이 '일손 부족' 문제다. 이런 상황에서 농업 참여 인구는 지난 20년간 남성보다 여성이 조금 더 많았다. 최근 3년간을 보면 남성보다 여성이 3% 정도 더 많다.[2] 여성의 농사일 참여도가 50% 이상이라고 응답한 비율이 52%를 넘어가고 농외소득 활동에 농업임금 활동(다른 농가 품앗이)까지 포함하면 여성 농업인의 농업노동 기여도는 더 높을 것이다.

여성은 대부분 남성을 보조하는 사람이거나 무급 가족봉사자로 여겨지고 있다. 그러나 급격한 산업화와 이농, 농업인구 감소와 고령화로 인해 노동력이 부족해지면서, 농촌에서 여성의 농업생산 활동 참여도가 증가했다. 여성 농업인의 농업생산 참여와 역할은 시간이 갈수록 더욱 증가할 것으로 보인다. 이는 여성 농업인이 그동안 농업과 농촌을 지켜온 오래된 뿌리와도 같은 존재임을 입증하는 것이다.

여성 농업인 실태와 여성 농업인 육성 정책

여성 농업인은 여성 농업인, 가정주부, 자녀를 양육하는 주체로서 다양한 역할 수행을 요구받고 있다. 예전에 할머니 세대가 밭에서 애 낳고 아이를 바구니에 담아놓고 밭 매다 젖도 물리면서 키웠다는 전설 같은 상황은 아니더라도, 여전히 여성 농업인들은 상당한 노동 부담을 안고 있다. 그러나 이들이 농업인으로서의 권리 즉, 농업 경영주로서의 자

---

[1] 한국농촌경제연구원KREI, 〈2018년 여성농업인 실태조사 결과〉, 《주간 농업농촌식품동향》 16호 (2019. 4. 22), 48~50쪽.

[2] 통계청, 〈2018년 농어가 인구통계〉.

격을 가지고 그에 적합한 권리를 누리느냐는 별개의 문제인 듯하다. 노동하는 여성 농업인과 경영주 자격의 여성 농업인의 실정이 다르다.

2019년 4월 한국농촌경제연구원이 발표한 〈2018년 여성농업인 실태조사 결과〉에 따르면, 같은 농업에 종사해도 여성 농업인 10명 중 8명은 남성보다 지위가 낮다고 스스로 인식하고 있으며, 지위가 동등해지기를 희망하는 비율은 71.2%였다. 여성 농업인 본인 소유 농지가 있는 비율은 37.3%이고, 그들의 평균 농지 소유 규모는 700평이 조금 안 된다. 스스로를 농업 경영주라고 인식하는 비율은 38.4%로 2013년 조사 때보다 오히려 3.6%가 낮아졌다. 2013년과 2018년 사이에 있었던 여성 농업인 육성계획을 보면 이 수치에는 이해하기 어려운 점이 있다.

2016년 3월, 농업인으로서 각종 농림사업 시행 주체의 자격을 얻게 되는 농업경영체 등록에 부부가 공동경영주로 등록할 수 있도록 관련법과 시행지침을 변경해서 공동경영주 등록을 하라고 홍보했다. 등록이 불편하다는 민원을 받아 2018년에는 경영주(남편)의 동의가 없어도 공동경영주 등록이 되도록 간편하게 제도를 개선해왔는데도, 여성 스스로 경영주라는 인식 수치가 떨어지고 공동경영주 등록도 2만 3,949명에 머물러 있다. (전체 농업경영체 등록 167,700농가 중 여성 비율은 28.3%, 공동경영주 등록 여성은 23,949명이다.)

공동경영주 등록을 한 여성 농업인은 "부부가 서로 재산을 분배해두면 좋을 것 같아서 경영체 등록을 각각 했다. 막상 하고 보니, 비단 재산을 나눌 뿐만 아니라 경영을 나눈 것이고, 농업 경영에 대해 부부가 공동의 책임감을 갖게 됐다"며 "농업 경영에 대한 책임감을 높이고 자신감 고취는 물론 부부간의 신뢰도 깊어졌다"고 경영체 등록 후의 상황을 얘기했다. 또 "농협 이사 등 농촌 지역에서 여성 농업인이 진출할 수 있는 사회적 활동을 하는 데에도 경영체 등록은 기본 사항"이라며 "공동경영주 등록에 대해 생각만 하지 말고 바로 실행에 옮기라"고 조언했다.

여성 농업인이 경영체 등록을 할 경우 자립적 주체적 활동의 폭이 넓어진다. 그러나 정부에서 집중적으로 정책 지원을 하는데도 성과가 안 나는 원인에는, 오랫동안 남성중심의 농업경영을 당연시해왔기 때문에 단기간에 그 틀에서 벗어나기 어려운 복합적인 사정도 있을 것이다. '여자들이 너무 나댄다'는 가부장중심의 농촌 사회가 고수하는 편향된 시선도 여성 농업인의 경영체 등록 부진을 거들고 있다고 짐작된다.

여성 농업인의 연대와 농업 주체로서의 자각을 이끌어낼 적절한 정책이 필요하다

이 모든 현상에 대한 문제의식을 반영해서 2000년 여성농업인육성법이 제정되었다. 법에 근거하여 여성농업인육성 5개년 계획이 2020년까지 4차례 수립되어 시행되고 있으나, 아직 갈 길이 멀어 보인다. 다음 그림은 시행 중인 여성 농업인 정책 프로그램에 대한 여성 농업인의 인지도와 참여율을 보여준다.

그림에서처럼, 여성 농업인 육성지원정책에 대한 인지도도 낮고 참여도는 대부분 10%도 채 되지 않는다. 아무리 좋은 정책을 펼친다고 해도 정책에 대한 인지도와 참여율이 떨어지면 좋은 성과를 기대할 수 없다. 이 문제를 여성 농업인들 개개인에게만 맡겨두는 것이 타당한가 하는 의문이 든다.

무엇보다 여성 농업인의 자각과 연대를 이끌어내면서 정책수용도를 높일 수 있는 마을중심 중간지원조직이 절대적으로 필요해 보인다. 농식

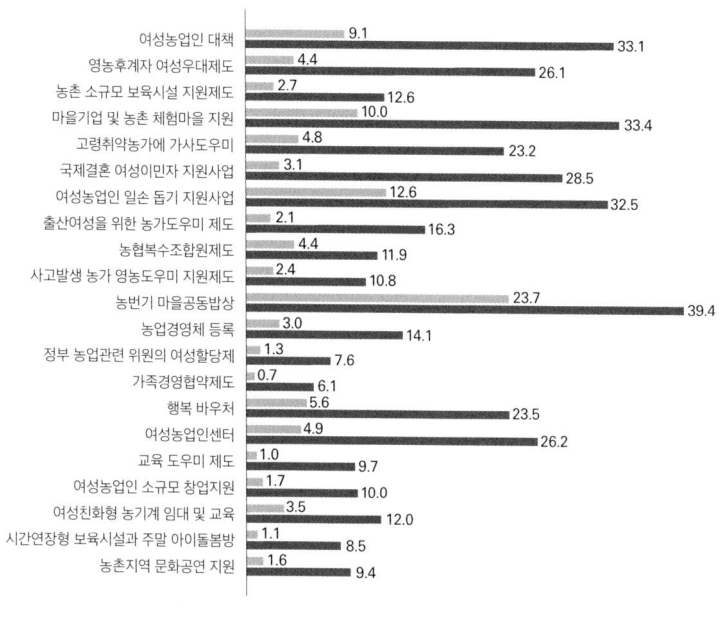

그림 | 여성 농업인 지원정책에 대한 인지도 및 참여도

출처 | 한국농촌경제연구원KREI, 〈2018년 여성농업인 실태조사 결과〉, 《주간 농업농촌식품동향》 16호 (2019. 4. 22), 52쪽.

품부는 2001년 그런 목적을 실현하기 위해 여성농업인센터 시범사업 4개소를 운영하고 2002년부터 정규사업으로 추진했다. 그러나 군당 1개소 설치도 안 된 상황이다. 아직 남성중심적 행동방식이 우위를 점한 농촌의 생활환경을 감안할 때, 여성 농업인 스스로 깨쳐 일어나라고 요구하는 것은 농사일뿐 아니라 가사와 육아를 병행해야 하는 여성농업인의 현실에 맞지 않다. 1면1센터를 지원하고 지금보다 훨씬 강도 높은 공공성 확보가 필요하다.

또한 센터를 중심으로 여성 농업인 정책의 수용성을 높이기 위해 노력해야 할 것이다. 면단위가 어렵다면 적어도 군단위로라도 센터가 필요하다. 면단위 중심으로 운영되는 여성농업인센터는 마을마다 여성 농업인에게 각종 정보를 제공하고 연대를 통해 정책참여율을 높이는 기능을 한다. 따라서 다른 어떤 사업보다 우선되어야 한다고 판단된다. 여성농업인센터의 업무 범위는 보육, 방과후 학습 지원, 여성 농업인 교육 및 활동, 노령 여성 농업인의 건강 증진과 복지 향상, 여성 농업인 상담, 문화·여가 활동 공동참여 등 여성 농업인의 권리와 삶의 질 향상을 위한 정책 전반을 아우른다. 게다가 생활과 지역에 밀착해있다는 장점도 있다.

내가 여성농업인센터에서 활동할 당시, 센터에 영아보육반이 있었다. 그 덕에 아이를 안심하고 낳을 수 있었다거나, 아이들이 방과 후에도 안전하고 유익하게 지낼 수 있어 맘 놓고 농사일과 집안일을 할 수 있어 큰 시름 덜었다는 평가를 많이 받았다. 또 여성농업인 교육프로그램 참여를 통해 자존감을 높일 수 있었고 다른 사람들에 대한 이해를 높일 수 있었다고 했다. 여성 농업인으로서 외모나 차림새에 큰 신경 쓰지 않고 교육받으러 갈 수 있다는 장점까지 더한다면, 여성 농업인을 위한 중간지원조직의 역할은 매우 크다고 하겠다. 이 요소는 고령화된 농촌 사회에 청년여성 농업인이 들어와서 정착할 수 있도록 하는 데 큰 영향을 줄 수 있다.

여성 농업인의 생활환경 변화

여성 농업인을 특별지원하기 위한 중간조직의 필요성은 여성 농업인들의 급격한 생활 변화 때문에 더욱 절실해졌다. 이전에는 비교적 비슷한 사람들끼리 살았지만, 지금은 매우 다양한 유형의 여성 농업인이 공존하게 되었다. 고령 농업인, 재촌여성 농업인, 다문화여성 농업인, 귀농여성 농업인, 농촌에 살지만 농사짓지 않는 여성들 등, 이들은 지나온 삶의 궤적이 다르고 누려왔던 생활문화나 습관·견해 등이 매우 다양하다. 도시에서 귀농한 여성 농업인의 경우 농촌의 가부장적 문화가 매우 불편할 수 있다. 외국에서 생활해온 다문화가정의 여성 농업인의 경우는 또 상황이 완전 다르다. 게다가 최근에는 리틀포레스트형(도시의 경쟁적 삶에 대한 반감을 가지고 자연과 더불어 행복하고 싶은 삶의 가치전환 과정을 겪고 있는) 독신가구여성의 귀농귀촌도 늘고 있는 추세여서 새로운 가족 형태와의 접촉면도 넓어지고 있다.

여성 귀농인 중에는 농업경영자로서 성공모델을 만들어내는 사례도 있다. 이들은 농촌이 가진 환경·생태·교육·문화·돌봄과 같은 다기능에 초점을 맞춘 새로운 농업방식을 만들어내어 지속가능한 농업과 농촌을 준비하는 중심 역할을 맡기도 한다.

주변에 바다가 없는 문경 산골짜기로 귀농하여 문경의 특산물인 오미자를 농사지으며 오미자액을 김에 발라 구워 만든 오미자김을 탄생시킨 김경란 대표는 몸에 좋은 오미자를 매일 반찬으로 먹으면 좋겠다는 엉뚱한 생각을 발전시켜 사업에 성공한 농업CEO이고 독신귀농여성이다.

나이 들어 남편 따라 귀촌했던 김금순 할머니는 당진 백석올미마을 할머니들과 매실한과를 만들어 마을기업으로 키우고 6차산업대상 등 각종 경연에서 수상하면서 '할매들의 반란'이라는 타이틀을 얻었다. 이분은 나이 드신 여성 농업인들이 행복하게 여생을 마무리할 수 있는 공동체를 만드는 게 꿈이라고 한다.

장곡의 최정선 씨는 행복농장을 통해 만성질환자 등을 대상으로 치유를 통한 사회복귀를 지원하는 사회적 농업을 추진하고 있는데, 현 정부가 추진하는 사회적 농업의 현장 모델이 되어 유명세를 치르고 있다.

귀농 전 검도 선수였던 최숙 대표는 전북 완주로 귀농하여 지역의 더 나은 내일을 위한 사회적 농업을 꿈꾸며 자연·경관·생태·인문학·자연요리·농장디자인·교육·치유를 결합한 다양한 활동을 하고 있다.

여성감수성은 농업에 부가가치를 더하는 새로운 창업에 유리하게 작용하는 중요한 장점이다. 정부 정책이 농업의 부가가치를 높이는 6차 산업이나 소규모 가공 등에 집중되어 있는 상황에서, 여성 농업인의 농업 생산 참여는 다양하게 성장해갈 수 있다.

그러나 농촌은 새로운 문화가 쉽게 적용되기 어렵고 새것에 대한 수용성이 도시보다 떨어진다. 그럼에도 불구하고 여성의 경우 자녀양육 과정에서 다양한 유형의 여성 농업인과 잦은 접촉이 불가피해서 상호간의 이해와 존중이 매우 중요하다. 그러나 다문화여성 농업인과 귀농여성 농업인들 각각의 입장에 대한 정책 지원은 있지만, 이들 모두가 고령여성 농업인, 재촌여성 농업인들과 어우러져 서로 이해하고 소통하는 데에는 무관심해 보인다. 이들을 자연스럽게 연결하고 통합해주는 정책이 필요하다. 또한 독신여성 귀농귀촌 가구에게 석연치 않은 눈길을 보내거나 불편해하는 시선도 여전하다. 이들을 공동체 일원으로 받아들이는 다양한 장치들이 정책으로 개발될 필요가 있다. 이 문제는 우리 농업·농촌의 지속가능성 확보와도 결부된 정말 중요한 문제라고 생각된다.

지속가능한 농업과 농촌을 위해

그리고 여성 농업인들의 가장 큰 애로사항인 과중한 노동 부담을 지원해주는 여성친화형 농기계 개발과 보급이 더욱 확대되어야 한다. 출산, 질병, 재해 때 활용할 수 있는 농가도우미제도가 있기는 하지만, 여행을 가거나 집안일로 일정 기간 농장을 비울 때 일정 비용을 지불하고 마음 놓고 다녀올 수 있는 낙농가의 헬퍼 같은 제도가 필요해 보인다. 이런 제도는 소득이 부족하거나 일자리 없는 농촌 주민들에게 새로운 소득원과 일자리를 줄 수 있을 것이다. 젊은 층의 유입과 정착을 위해서는, 임신출산 시설 확보, 보육과 교육 환경에 대한 불안 해소, 1인 귀농귀촌 여성가구의 사회안전망 구축을 통한 정주여건 마련 방안, 독신 여성가구를 위한 농지임대 지원, 여성이 보다 쉽게 농업노동을 할 수 있는 다양한 기술 개발이나 시스템 구축 등의 정책이 더 섬세하게 시행될 것을 기대한다.

글머리에서 나는 여성 농업인들이 오래도록 우리 농업·농촌의 근간을 이룬 뿌리라고 말했다. 이제 글을 맺으면서, 나는 여성 농업인뿐 아니라 농촌에 거주하는 모든 여성은 우리 농업·농촌의 지속가능성을 확보하는 주체라고 말하겠다. 여성이 행복한 일터와 삶터가 되지 못한다면, 지속가능한 농업·농촌은 불가능할 것이다. 따라서 이 문제가 농어업·농어촌특별위원회(농특위)의 주요 국정과제가 되어야 한다.

청년 농민을 키우는 지역의 실천농장

김기홍
충남연구원 연구위원

실천농장, 청년들이 농사의 실제를 배울 수 있도록

청년 농민에 대한 관심이 그 어느 때보다 높다. 농촌 인구가 나날이 줄어들고 농업 인구의 고령화 문제도 심각해지는 가운데 청년층이 유력한 대안으로 떠오르고 있다. 현재 문재인 정부는 물론이고 지방 정부 차원에서도 다양한 지원책을 내놓으며 청년층의 농촌 유입에 힘을 쏟고 있다. 지역에서도 청년들의 농촌 정착을 돕기 위해 다양한 시도들이 이루어지고 있다. 최근 청년들이 실제 농업을 경험하고 실습하면서 농업적 소양을 기르고, 농촌 지역사회 공동체 일원으로서 농촌 생활에 필요한 소양도 배울 수 있는 실천적인 농장이 조금씩 늘고 있다. 필자는 이러한 농장을 '실천농장'이라 부르고자 한다. 청년들은 농사짓기를 꿈꾸며 농촌에 정착하려고 들어온다. 하지만 경험도 기반도 없기에 당장 농장을 마련하기란 어렵다. 농업기술센터의 귀농교육이나 인터넷 강의로는 농사를 익히기에 충분하지 않다. 때문에 청년들이 1년에서 2년 정도 지역 농장에서 농업의 실제를 배울 수 있게 하려는 다양한 형태의 실천농장들이 나타나고 있다.

실천농장은 청년들에게 농사짓기가 교과서와는 매우 다르다는 사실을 깨닫게 하고, 토양 가꾸기에서부터 파종·수확·판매까지 일련의 과정을 실행함으로써 농민으로서의 삶을 제대로 배울 기회를 만들어준다. 게다가 이런 지역 농장에서의 실습 과정은 농사일로 끝나지 않는다. 청년들은 농사일 이외에 지역의 여러 행사에도 참여하면서 농촌살이를 점차 이해하게 된다. 청년들의 지역 행사 참여는 농촌 지역의 다양한 인적 네트워크와 연결되고, 정착한 이후의 든든한 선배나 이웃을 만들어가는 중요한 과정이다.

실천농장의 역할과 기능

실천농장은 크게 두 가지 역할을 한다. 첫째, 청년 농민을 육성한다. 지역의 환경을 고려하여 작물을 선택하고 그에 맞는 다양한 농법들을 실천농장에서 배워가면서 보다 체계적인 과정을 통해 청년들은 지역 농업을 이해한 농민으로 성장할 수 있다. 둘째, 실천농장 과정을 거친 청년 중 일부는 농사가 쉽지 않음을 깨닫고 농사짓기를 포기할 수도 있다. 하지만 그들이 농사를 짓지 않게 되더라도, 일련의 농사 과정을 이해한 가운데 지역에 정착하는 지역 공동체 일원을 만들어내는 역할을 실천농장이 할 수 있다. 농사의 과정을 이해하고 있느냐 아니냐는 청년이 지역에서 다른 재능을 살려 농촌살이를 해나가고 지역 농민들과 소통하는 데에도 매우 중요한 역할을 한다. 더불어 실천농장 과정에서 알게 된 지역 사람들은 중요한 인적 자원이 됨은 말할 것도 없다.

실천농장이 이 두 가지 역할을 다하기 위해서 필요한 기능 몇 가지가 있다.

첫째, 실천농장은 농촌에서 새롭게 농사를 시작하고 정착하려는 이들이 지역에 들어가기 직전에 정말 농업이 자신에게 맞는지, 농촌 생활에 적응할 수 있을지를 확인해보는 탐색 과정으로서 기능해야 한다. 지금까지와는 다른 삶을 꿈꾸고 농촌으로 이주하려는 청년들이 많아지고 있지만, 한편으로는 꿈꾸던 농사를 포기하고 떠나는 경우도 많다. 이런 일은 떠나는 당사자나 지역 주민 모두에게 좋은 기억으로 남기 어렵다. 따라서 농촌의 삶에 대해 충분히 탐색할 수 있는 과정이 필요하다.

둘째, 교육적 기능이다. 농사만 지어보는 일은 영농조합법인이나 농업 관련 업체에서 인턴이나 현장학습 등으로도 가능하다. 그런데 실천농장에서는 농사짓기에 관한 전반적인 교육과 농촌 정착과 관련된 난로나 화덕 만들기, 목공 등 생활기술과 적정기술 등 다양한 것들을 함께 배울 뿐 아니라 인문학을 비롯한 다양한 교양과정을 마련하고 있다. 이러한 교육적 기능은 실천농장의 역할과 긴밀하게 연결된 부분이라 할 수 있다.

셋째, 경제적 기능이다. 실천농장에서의 농작업 결과가 적은 액수라도 소득으로 되돌아와야 할 것이다. 단순히 농사를 경험하는 데 그쳐서는 안 된다. 일부 농장에서는 농사의 대가를 월급 형태로 지급하고 있다. 하지만 실제로 농사를 지어서 일정 소득 수준을 유지하는 일의 어려움까지 느껴본다면 농업을 대하는 태도와 방식이 달라질 수 있다.

넷째, 지역과 함께해야 한다. 실천농장은 지역에서 농사지을 농민을 양성하는 것과 동시에 설령 농사를 짓지 않게 되더라도 농업의 내용을 전반적으로 익힌 청년들이 그 지역에 정착하도록 도움을 주는 곳이기도 하다. 그저 농업기술 교육을 받으려면 농업대학에 가도 된다. 실천농장이 일반 학교와 구분되는 지점이 여기에 있다. 지역 사람들과 부대끼며 지역 농업을 이해하는 과정이 실천농장 안에서 이루어져야 한다.

실천농장을 만들어가기 위한 조건

이런 기능을 모두 가진 실천농장을 지역에서 준비하는 것이 쉽지는 않다. 농장 부지만 있다고 해결되지 않으며 생활비 등 지원 조건이 있다고 가능한 것도 아니다. 농사 기반은 물론 농사 이외의 다양한 조건들이 맞아떨어져야 한다.

우선은 지역에 청년층이 필요하다는 기본 인식이 마련되어야 한다. 최근 청년 농민 육성을 위한 다양한 지원이 이루어지고 있는데, 이것은 단순히 청년층 당사자만을 위한 일이 아니다. 농촌 마을이 사라질지 모른다는 극단적인 문구가 아니더라도, 지금 농촌 마을 주민 수는 현격히 줄어드는 중이고 농민들의 고령화도 심각하다. 유기농 농가가 고령화되면서 위탁업체가 대행하게 되면 유기농적인 방법이 지켜질 리 만무하다. 그렇기 때문에 청년층 육성은 지역 차원에서 매우 중요한 문제다. 이런 인식을 지역 단위로 공유해가면서 그들에게 필요한 농지와 주거지, 향후 판로 등의 문제를 어떻게 해결할지 함께 고민해가야 할 것이다.

이런 기본 인식이 마련된 다음에 필요한 것은 지역 단위의 계획을 준비해가는 일이다. 지역 차원에서 농민이 얼마나 고령화되어 있으며, 향후 농사짓지 못하게 될 농지는 얼마나 될 것인지 확인하는 작업이 필요하다. 그런 뒤 새롭게 유입된 청년층에게 이러한 농지의 얼마만큼을 얼마동안 사용하게 할 수 있을 것인지 지역 차원에서 조정하는 과정이 가능해질 것이다. 이런 가운데 지역 농업의 현재와 미래의 모습과 삶의 터전으로서의 지역의 모습을 지역 스스로 그려볼 필요가 있다. 이런 과정을 '지역계획 구상'이라고 부르자. 지역계획 구상을 통해 논의를 정리·추진해갈 운영주체로서, 농업위원회나 지역협의체 등 지역 단위의 이장 등을 중심으로 하는 위원회를 구성해갈 필요가 있다. 실천농장의 설치와 유지는 이런 지역 차원의 지원 기반 속에서 만들어져야 할 것이다.

마지막으로 실천농장이 조금 더 지속적인 프로그램으로 자리잡을 수 있어야 할 것이다. 청년들이 지역 정착을 준비하는 과정에서부터 실천농장을 거쳐 조금 긴 호흡 속에서 체계적으로 안착해갈 수 있게 하는 여건이 조성되어야 한다. 실천농장 과정을 귀농교육 이수 시간으로 대체하는 방법이나 실천농장의 교육생에게도 각종 지원사업 대상자의 자격을 주는 것을 고려해볼 수 있다. 국가 차원의 청년창업형 후계농업경영인(청년창업농) 지원사업이나 지방정부의 다양한 사업과 연계되면 실천농장의 효과가 배가될 수 있다.

청년층이 필요하고 중요하다는 것은 충분히 강조되고 있다. 이제는 구체적인 방법으로 체계적인 과정을 통해 실천해야 할 시기다. 지금까지와는 다른 다양한 삶을 살아가고자 하는 청년층이 농촌에 들어오고 있다. 이들 청년이 농촌 정착 전에 충분히 그들의 농적인 삶과 진로를 고민하고 탐색할 기회를 마련해주자. 그것은 비단 그들에게만 필요한 과정이 아니다. 이 청년들이 구체적으로 어떠한 새 이주자인지 지역 차원에서도 탐색하는 과정이 필요하다. 지역 주민과 부대끼며 지역의 농사를 실제로 지어볼 수 있는 실천농장을 통해 슬기롭게 이 과정을 준비하자. 이제 지역 차원에서 이들을 맞을 준비를 해나가자.

누가 마을의 주인인가, 주민은 누구인가

변화하는 농촌 사회,
'마을 주민이 될 자격'을 다시 묻다

구자인
충남마을만들기
지원센터장

농촌의 근현대사를 돌아보다

1980년대 민주화운동 시대를 거쳐 1991년 지방의원 선거, 1995년 지방자치 동시 선거를 계기로 지방자치가 제도적 측면에서 부활했다. 1999년부터는 읍면동 단위로 주민자치위원회도 설치되기 시작했다. 지역사회 발전 방향과 내용을 결정할 수 있는 권한이 제도적으로는 중앙에서 지방으로, 행정에서 민간으로 조금씩 넘어왔다. 그로부터 길게는 30년 가까운 시간이 흘렀다. 여전히 일부 권한에 불과해서 한계가 뚜렷하지만, 지방자치와 분권은 거스를 수 없는 시대적 추세다. 주민들의 자치의식은 분명 높아졌고, 다양한 실험도 전국 방방곡곡에서 시도되고 있다.

하지만 우리는 20세기의 왜곡된 역사의 질곡에서 여전히 자유롭지 못하다. 일제강점기와 남북분단, 군부독재라는 어둡고 긴 터널은 농촌 사회에 '마을 일에 나서지 마라, 잘난 척하지 마라, 좋은 소리 못 듣는다, 공부나 열심히 하고 도시로 나가라'고 하는 사회문화적 분위기를 만들었다. 세계에서 유례가 없을 정도의 빠른 도시화와 수도권 집중은, 농촌의 급속한 인구감소와 초고령화를 동반하는 불균등한 발전이었다. 이것이 국가 정책으로 추진된 결과라는 점에서 이 문제는 구조적이다. 게다가 1980년대 민주화운동의 성과물이라 할 지방자치제 부활 과정에서조차 농촌은 '무임승차'를 한 셈이다. 그 결과 농촌 사회는 스스로 일어설 자치역량이 매우 약해졌고, 농촌 문제를 극복할 민간 주체 형성은 더디게 진전되고 있다.

최근 민관협치民官協治, 거버넌스governance라는 어려운 말이 새로운 사회 구성원리로 주목받고 있다. 이런 분위기에는 행정의 일방적 통치 방식으로는 지역 문제를 효율적으로 해결할 수 없다는 반성이 담겨 있다. 민관협치 또는 거버넌스라는 말은, 행정과 민간이 대등하게 만나 지역정책을 공동으로 결정하고 공동으로 집행하자는 취지를 담고 있다. 이를 위해서는 지역 주민 스스로가 삶에 대한 통제력을 높이고, 직접민주주의의 제도적 장치를 확대하도록 계속 요구해야 한다. 행정과 대등한 협력 관계 속에서 민간 주체가 전면에 등장해야 한다.

하지만 농촌 현실을 살펴보면 숙제가 너무 많아 자포자기해야 할 정도다. 민간은 분열되어 있고, 자치역량도 내세울 정도가 아니다. 여전히 천민자본주의, 토박이보수주의, 후진적 성장(개발)동맹이 강력하게 작동한다. 그럼에도 역사를 다시 생각해보면 행정은 스스로 권한을 내려놓지 않았고, 중앙정부 권한의 지방 이양도 오랜 투쟁의 역사를 거쳐 '쟁취'한 것이다. 민관협치라는 통치 방식도 저절로 이루어지는 것이 절대 아니다. 농촌 지역사회의 주인공으로서 주민이 전면에 등장하고 자치의식이 성장할 때 가능하다. 그런 주민이 우리 농촌에 있는가? 등장하고 성장하고 있는가? 농촌 주민의 등장과 성장을 가로막는 장벽은 무엇인가? 되묻고 되새김하며 나아갈 길을 찾아야 한다.

시민혁명을 거치지 않은 농촌사회, 시민은 있는가

"스스로 말하게 하라." 이 말은 공동체 조직화의 오래된, 그러나 변치 않는 방법론이다. 주민들은 스스로의 권리에 대해 분명하게 말할 수 있을 때 지역사회의 주체로서 등장한다. 1990년대 이후 지방자치의 제도적 진전과 풀뿌리주민자치운동의 발전은, 주민이 개인으로서나 조직의 형태로 지역사회의 주체로 등장하고 있음을 보여준다. 이것은 1980년대까지의 거대담론에서 벗어나 주민 스스로의 생활세계를 방어하고 확보하려는 '새로운 사회운동'이라 할 수 있다. 우리가 꿈꾸는 지역사회 모델은 '풀뿌리시민사회 형성'에 있다.

하지만 문화인류학자 조한혜정 연세대 명예교수는 "한국 국민은 '시민'이 되고자 달려왔으나 '난민'이 되어가고 있으며, 이를 벗어날 유일한 길은 '주민'이 되는 것"이라고 말한다.[1] 지역사회의 통제권을 주민이 가지고 생활세계를 복원하는 것이 중요하다는 주장이다. 사람들이 '나의 문제는 지역 공통의 문제'라는 인식을 공유하면서 '소통과 협력'이 일상화되는 지역사회를 꿈꿔야 한다는 것이다. 우리는 이러한 지역사회를 '풀뿌리시민사회'라고 부를 수 있다. 지역사회에서 아이들 교육은 공동육아로, 지역경제와 일자리는 협동조합으로, 노인복지는 마을자치로 해결해 나가려는 행동이 그 예라 하겠다. 국가와 시장경제가 해결하지 못한 영역을 주민 스스로 삶의 현장에서 직접 해결하는 방향을 기본으로 추구하는 것이다. 이럴 때에 주민들의 조직적 자치역량이야말로 문제 해결을 위한 근본 수단이며, 그 자체가 바람직한 미래상이 된다.

---

1 조한혜정 교수의 한국 현대사 평가는 칼럼집 『다시, 마을이다: 위험사회에서 살아남기』(또하나의문화, 2007)를 참조.

그럼에도 여전히 이런 논의를 농촌으로 가져오면 지나치게 원론적이라는 지적을 받고 '시민'이라는 용어 자체도 어색해진다. 행정구역이 바뀌어 군郡이 시市가 되면 살고 있던 주민住民도 시민市民이 되는 것인가? 농촌의 봉건성은 극복되고 있는가?

시민이란 개념 자체는 다양하게 해석할 수 있다. 일반적으로 시민이란, '시민혁명을 거쳐 봉건제와 절대군국주의에 대항하며 성장한 근대국가의 사회 주체'에 해당하는 정치적 개념이다. 한국 사회에서는 1987년 민주대항쟁을 거쳐 1990년대 시민운동으로 시민의식이 개화했다고 본다. 하지만 한국 농촌 내부에서 이런 사회혁명 과정을 거쳐 성장한 계급으로서의 시민 개념이 유효하다고 할 수 있는가? 시민운동의 전성기라 할 1990년대 이후에도 '시민 없는 시민운동'이 커다란 비판적 쟁점이 되었던 것처럼, 농촌에서는 더더욱 '시민'의 존재를 논하기가 쉽지 않다. 이런 점에서 조한혜정 교수가 말하는 '주민' 개념에 다시 주목할 필요가 있다. 마을에 정착해서 살고 있는 생활자로서의 주민이 지역사회의 주인공으로서 전면에 등장한다면, 그런 사람을 시민이라 부를 수 있다. 비록 농촌에 살더라도 정치적 개념으로서의 시민에 부합된다 할 것이다.

일본의 나카지마 교수[2]는 도시 지역 시민사회에 대응하는 개념으로 '농촌시민사회'라는 용어를 사용하고 있다. 그는 "지금까지는 시야에 넣지 않았던 농촌이란 존재를, 시민사회의 새로운 가능성으로서 시야에 넣으면서 '도시' 혹은 '도시적 시민'을 상대화하려는 시도가 있고, 또 그런 기운이 실천적으로도 성숙해지고 있다. (중략) 농촌시민사회라는 개념은, 그것이 실현될 조건이 성숙되어서라기보다 그럴 가

2　中島紀一, "農村市民社會形成へのヴィジョンと条件", 《農林業問題研究》(第137号, 2000. 3), 215~220쪽.

능성 또는 그래야 할 당위성을 선제로 구상된 것일 뿐이다. (중략) 하지만 동시에 이런 구상의 내용은 외부에서 주어지는 것이 아니다. 농촌 주민이 지역생활자로서 성숙해가는 것에서 보듯이, 내부에서부터 스스로의 힘에 의해 그런 구상이 이루어지고 있음에 유의해야 할 것이다"라고 제안한다.

나카지마 교수는 '농촌시민사회'라는 용어를 농촌사회가 나아가야 할 비전으로서 제시하고 있는 셈이다. '지향점으로서의 시민' 개념은 농촌사회에도 유효하다. 지역 주민들은 봉건적 잔재에서 완전히 벗어나려는 노력 속에서 시민으로 등장하고 성장한다. 시민은 저절로 존재하는 것이 아니다. 목적의식을 가지고 스스로의 생활세계를 지키려고 부단히 노력하는 집단적 실천(마을만들기)을 통해 형성되는 개념이다.

농촌이 너무 변했고, 구성원도 많이 바뀌었다

'주민'이라는 개념도 들여다보면 마찬가지로 혼란스러울 수 있다. 지역에 주민등록상 주소를 두고 산다고 해서 모두 주민인가? 이런 질문은 마을만들기 활동에서도 흔히 등장한다. 시민에 상응하는 추상적 개념으로서 주민은 단순히 주거지나 생활공간만으로 규정되지 않는다. 주소를 두고 있지만 잠만 자는 샐러리맨, 주택 가격 떨어질까 무서워 장애인시설 입지를 반대하는 소시민, 마을에 살지도 않으면서 마을에서 번 돈은 모두 외부로 가져가는 장사꾼, 읍내에서 출퇴근하는 농민 등등. 모두가 사정은 있겠지만 마을의 주민으로 보기에는 논쟁적인 부분이 많다.

특히 마을의 자치규약을 제정할 때, 주민(회원) 개념은 더욱 엄격하게 다루어진다. 마을에 공동재산이라도 있거나 큰 내부 갈등을 경험했다면, 더욱 그러하다. 게다가 농촌 마을의 구성원리나 구성원이 크게 변했다는 이유도 있다. 마을은, 무엇보다 모내기나 추수 등 힘든 농작업이나 논밭에 물 대는 수로 관리나 관혼상제 등 사람들이 '모여 살아야만 할 필연성'이 크게 작용하여 형성된다. 하지만 시대가 바뀌어도 너무 많이 바뀌었다. 농업 방식부터 바뀌었다. 기계화, 규모화, 겸업화, 화학화 등이 가속되어서 공동노동의 필요성이 급격하게 줄어들었다. 이에 따라 농사짓지 않거나 규모를 줄여 자급자족에 그치는 농촌 주민이 늘어나고, 주말 거주자나 귀농귀촌인, 다문화가족, 외국인 노동자 등 주민 구성원도 매우 다양해졌다. 관혼상제도 없어지거나 가까운 도시로 넘어간 지 오래되었다. 교통이 편해진 만큼 학교도 먼 곳으로 통학하고 읍내로 나갈 일(쇼핑, 병원, 문화생활 등)도 많아졌다. 겉모습만 농촌이지 도시적 생활양식이 지배하는 셈이다.

그래서 마을에 같이 살아도 직업이나 취미, 관심 분야는 많이 다르다. 여전히 함께 해결해야 할 공동의 과제가 없는 것은 아니지만, '어쩔 수 없이' '당연히 해야 할' 필연적인 공동작업은 크게 줄어들었다. 게다가 최근에는 농촌 마을에 새로운 경험과 생활양식을 가진 도시민들이 이주해오면서 '문화적 충돌'도 빈번하다. 때문에 주민이 도대체 누구인가, 마을은 어떤 사람들로 구성되는가라는 질문이 계속 제기된다.

'우리 마을 주민'이라 할 때, '우리'의 범위가 어디까지인지를 판단하는 기준에는 심리적 측면이 강하게 작용한다. 하지만 마을자치규약을 정하거나 바꾸려고 할 때, 주민의 범위와 기준은 매우 복잡해진다. 마을에 모여 살면서 지켜야 할 약속으로서의 자치규약은 매우 중요하다. 관습법으로 마을의 약속이 통하는 시대가 더 이상 아니게 되었다. 특히 전통적으로 오래 살아온 선주민先住民과 새로 들어온 이주민移

住民 들은 서로 다른 각자의 가치 기준 때문에 충돌한다. 무엇이 '합리적'이고 '상식적'인 기준인가? 그 기준 자체를 둘러싸고 여러 쟁점이 있고, 이 과정에서 '우리 마을 주민'을 도대체 어떻게 규정할 것인가가 큰 논쟁거리로 부각된다.

마을에 살면 모두 주민인가

마을 구성원이 다양해지면서 나타난 문제 중 하나는 '마을에 주소를 둔 자'가 마을 활동에 참여하지 않거나 의무사항을 준수하지 않는 사례가 늘고 있다는 점이다. 헌법 제14조는 '거주·이전의 자유'를 기본권으로 인정한다. 또 지방자치법 제12조는 "지방자치단체의 구역 안에 주소를 가진 자는 그 지방자치단체의 주민이 된다"고 규정한다. 그런데 마을에 주소는 있지만 마을공동체 일원으로서의 의무사항을 이행하지 않는 자를 주민이라 할 수 있을까?

이런 측면에서 행정적인 주소지를 둔 '주민'(통상 우리가 쉽게 부르는 주민)과 마을공동체이자 결사체 측면에서 '우리' 범위에 들어오는 '회원'을 구분할 수 있다. 새마을회든 마을자치회든 마을 단체에 소속하겠다는 일정한 통과의례를 거치고, 마을공동체의 전통과 의무를 존중하면서 권리도 행사하는 '좁은 의미의 주민'을 '회원'이라 부를 수 있다. 회원이 아닌 주민(=주소지만 주민)은 마을회의에 아예 참가할 수 없거나 참관권이나 발언권 정도만 인정하는 방식이다.

이런 구분이 전통적인 농촌 마을공동체의 특성에 맞지 않다고 지적할 수도 있고, 이런 구분 자체가 오히려 갈등을 초래할 수도 있다. 마을에 비회원이 극소수라면, 회원과 비회원 사이에 서로 인사조차 하지 않는 불편함과 차별 논란이 생길 수 있기 때문이다. 반면에 비회원이 갑자기 늘어나면, 마을공동체로서의 기능이 붕괴될 수도 있다. 농촌 사회의 빠른 변화를 고려하면 주민과 회원 개념을 자연스레 구분하는 것이 마을의 공동체성을 유지하는 한 방법이 될 수 있다. 마을에 주소지만 둔다고 모두 주민으로 볼 수 없다. 마을공동체가 작동할 수 있도록 주민이 될 자격과 일정한 통과 절차를 이제는 규정으로 정해야 한다고 생각한다.

충청남도 당진시도 2017년에 여러 토론 과정을 거쳐 마을자치규약 표준안을 제안하면서 주민과 회원을 구분하는 방식을 제시한 바가 있다.[3] 아마도 향후 5~10년 뒤에는 이런 구분이 농촌 마을에서 자연스러운 추세가 될 것이다. 이웃 일본에서도 신규 전입자에 대해서 대개 1년 정도를 지켜보고 마을(자치)회 가입을 권유하는 것이 일반적이다. 물론 이런 절차가 새로 전입해온 사람에게 배타적이거나 차별적 의미로 악용되는 부작용도 분명히 있다. 다만 마을공동체 구성원으로서의 권리의식만 강하고 책임에 소홀한 '주소지만 주민'이 늘어나는 것을 예방할 대책은 필요하다.

마을 회원(주민)이 될 자격을 문서로 정할 수 있을까

마을 회원(주민)으로 가입하는 절차(통과의례)가 있다면, 그 기준은 어떤 것일까? 주민 구성원이 다양하고 갈등도 있기 때문에, 그 기준을 문서로 정리하려 할 때 매우 현실적인 쟁점이 드러난다. 자치규약

---

[3] 당진시 사례 인용 부분의 수치와 세부 내용은 《마을독본》 창간호(2018년 봄, 통권 3호) 참조.

을 만드는 과정에서, 그간 불문율로 내려오던 '애매모호한' 관습을 구체적으로 정리해야 할 상황에 반드시 부닥친다. 주소지를 마을로 옮기는 것(전입)은 당연한 기준이지만, 실제 거주 여부와 거주 기간, 입회비 납부, 연령 하한선 등 현실적 쟁점은 많다. 어느 것이나 마을민 주주의 차원에서 중요한 논쟁거리가 될 수 있고, 현실의 전통적 가치와 충돌할 여지가 많아 조심스러워진다. 몇 가지 쟁점을 짚어보자.

첫째, 주소지 이전과 동시에 주민이 되는 것이 아니라 '가입신청서 제출'이라는 별도의 통과의례 형식을 둘 것인가 여부다. 예전에는 마을로 주소를 이전할 경우에 이장의 확인 도장이 필요했고, 이것이 일정 정도 회원가입을 의미했다. 하지만 이제는 이런 확인 도장 없이 읍면사무소에 곧바로 등록한다. 마을에 새로 이사 왔다고 '떡을 돌리는' 풍습도 사라지고 있다. 그러다 보니, 이장이 전입자를 일부러 찾아가 만나야 하는 번거로움도 크다. "누구나 마을회의 회원이 될 수 있으며, 특별한 사유가 없는 한 누구도 가입을 제안할 수 없다"(당진시 마을자치규약 표준안 제5조)는 규정은 원칙적 선언일 뿐이다. 이제는 '통과의례' 형식으로 가입신청서를 제출하도록 할 필요가 있다. 물론 새 전입 주민에게 마을의 전통과 규약, 권리와 의무 등을 설명하는 것이 전제되어야 한다.

둘째, 전입 후에 실제 거주 기간을 어느 정도로 정할 필요가 있는가도 쟁점이다. 이주민이 마을의 전통과 규약을 숙지할 시간도 필요하고, 선주민도 이주민의 성품이나 생활을 지켜볼 필요가 있다는 현실적 이유에서, '일정 기간 이상'이라는 기준은 불문율로 받아들여져 왔다. 그러나 1년이 지나고 2년이 지나도 마을 회원 자격을 부여하지 않는 것은 심하다는 의견이 분명 나온다. 또, '적어도 농사 1년 짓는 모습'을 지켜보고 땅을 빌려주는 마을 관행을 생각해보면 1~2년은 필요하다는 주장도 설득력이 있다(당진시 조사로는 '1년 이상'이 59%). 새 전입자가 마을에 주소를 옮기고 마을 주민(회원)으로서 역할과 책임을 다할 수 있게 되기까지 일정한 유예 기간을 두는 것은, 마을공동체를 유지하기 위한 문화적 장치라고 이해할 수 있다.

셋째, 회원이 될 수 있는 자격을 세대원 전체에게 모두 줄 것인가, 세대주(혹은 대표자 1인)에게만 줄 것인가도 큰 쟁점이 될 수 있다. 이것은 마을회의에서 중요 사안을 결정할 때 누구에게 투표권이 있는가(다시 말해 누가 마을의 회원인지)와 연결된다. 현실에서는 세대원 전원이 아니라 세대주 1인에게만 주는 보수적 방식이 여전히 지배적이다(당진시 조사로는 49%). 아파트와 같은 공동주택의 관리규약(준칙 제12조 의결권 행사)에서는 세대 당 1명만 인정할 것을 권장하고 있다는 점, 개인정보 보호 차원에서 전체 주민등록명부를 명확히 확인하기 어렵다는 점, 회비도 세대별로 부과하고 있다는 점 등을 고려하면 현실적 타당성도 있다. 하지만 풀뿌리민주주의 차원에서 마을(자치)회 회원 가입권과 투표권을 모든 성인 남녀에게 개방하는 것이 현대 사회에서는 지극히 당연하다고 볼 수 있다.

넷째, 회원의 연령 기준도 쟁점이 된다. 대개 연령 규정이 없는 경우가 대부분이고(당진시 조사로는 72%), 있더라도 '만 20세 이상'이 절대적이라 할 수 있다. 공직선거법 제15조(선거권)에 명시된 '19세 이상'으로 권장할 수도 있고, 마을민주주의 차원의 참정권운동을 고려하면 더 낮출 수도 있을 것이다. 특히 농촌 마을의 초고령화 상황에서 '미래 세대에 대한 배려' 차원으로 청소년에게 의식적으로 투표권을 부여하는 것도 바람직해 보인다. 청소년도 마을에 살고 있는 주민임에 틀림없지만 현재는 권리를 지나치게 제한하고 있다고 보기 때문이다. 마을의 대다수를 차지하는 노인 중심으로 의사결정이 이루어지면 미래 세대를 위한 선택이 없으리라는 우려도 반영해야 한다.

마을 주민이 되자면 입회비가 꼭 필요한가

또 마을 주민이 될 자격 기준과 관련하여 선주민과 이주민이 가장 다투는 부분은 입회비(가입비, 마을기금)나 정기회비와 같은 '돈' 문제라 할 수 있다. 특히 입회비는, '주소지만 주민'과 '마을공동체 회원'을 개념적으로 구분해야 할 필요성과 맞물려 그 경계를 명확하게 가르는 기준이 된다. 이러한 기준이 이주민(귀농귀촌인)에게 지나치게 배타적인 규정으로 비쳐질 수 있지만, 다양한 갈등 사례 속에 숨어있는 '오해와 진실' 때문에 더욱 논쟁적일 수 있다. 따로 좀 더 자세하게 검토해보자.

첫째, 마을의 입회비는 항상 '뜨거운 감자' 같은 쟁점이다. 마을 자치규약에 입회비를 규정하지 않는 경우가 많지만(당진시 조사로는 69%), 그래도 불문율처럼 강력하게 작동하고 있는 것도 사실이다. 규정이 있더라도 액수나 납부 방식 등은 마을마다 매우 다양하다. 2016년 10월 제8회 충남 마을만들기 대화마당(서천)에서는 입회비를 둘러싸고 선주민 마을위원장과 귀농귀촌인 단체 임원 사이에 매우 치열한 쟁점토론이 있었다. 대체로 모아진 의견을 요약하자면 다음과 같다.

> 마을기금은 의무적으로 납부하는 것이 바람직하다. 마을의 역사를 고려하면 납부하는 것이 바람직하다기보다 오히려 '당연'하다. 다만 터무니없는 액수를 요구해서는 안 되고 마을총회에서 결정된 합리적 기준이 필요하다. 또 마을 이장 혼자 찾아와서 요구하거나 개인 통장으로 입금하게 하면 안 된다. 젊은 친구들은 돈이 없으니 면제하거나 감면하도록 배려해야 한다.

그렇다면 여기서 한걸음 더 나아가, 입회비의 '합리적 기준'은 무엇이고 적절한 액수는 어느 정도인지가 또 다른 쟁점이 될 수 있다. 입회비의 기준과 액수를 구체적으로 정하는 것은 당연히 가능하지 않다. 마을 공동재산의 규모나 형성 과정에서의 (주민의) 노력 정도, 여러 관례나 법령 등 다양한 측면이 종합적으로 검토되어야 하기 때문이다. 특히 어촌계처럼 공동재산 규모가 크고, 매년 수익구조가 명확하면 입회비가 많을 수밖에 없다. 여기에 마을 주민들이 귀농귀촌인을 바라보는 관점, 예를 들어 미래를 생각해서 적극 받아들여야 한다고 생각하는지, 아니면 기존의 나쁜 경험에 비추어 부정적으로 생각하는지 등도 크게 작용할 것이다.

둘째, 매월 납부하는 정기회비도 매우 중요한 쟁점이다. 정기회비는, 일제 잔재이자 독재시대 유산이라고 비판받는 반상회와 반상회비 납부 경험과 맞물려 폐지론과 불필요론이 대세인 것으로 보인다. 특히 도시와 달리 매월 고정수입이 없는 농촌에서는 정기회비를 거두지 않는 곳이 대부분이다(당진시 조사로는 66%). 하지만 독재정권 시절에 마을 통치를 위해 하향식으로 부과했던 반상회비와 앞으로 우리가 만들어가야 할 마을공동체의 자치재원을 구분한다면, 이에 관한 쟁점토론이 필요하다. 풀뿌리주민자치운동의 일환으로 정기회비가 마을의 중요한 자치재원이 된다는 가치판단을 주민들이 공유하고, 회비가 공적으로 투명하게 관리된다면 크게 반대할 이유는 없다고 본다.

다만 어느 정도의 액수가 적절할지, 어떻게 납부할지에 대해서는 현실적인 판단이 필요하다. 일반 마을에서 주민세 1만 원과 더불어 마을회비까지 매월 세금처럼 징수된다면 저항감도 만만치 않을 것이다(당진시 조사로는, 금액이 명시된 28개 사례 중에서 연간 5만 원 미만이 75%). 따라서 당장은 마을만들기의 가치를 공유하고 공동활동도 활발하며 공동수익금도 있는 마을에서만 정기회비제를 도입해볼 수 있을 것이다. 경우에 따라서는 현금이 아니라 현물(농산물)로 납부하는 방법도 생각해볼 수 있고, 마을만들기 활동의 일환으로 공동경작지를 확보하는 것도 한 방법이 될 수 있다.

변화하는 농촌 사회, 마을 주민이 될 자격을 계속 질문해보자

앞에서 소개한 것처럼 마을 주민(회원)의 자격 기준을 정하는 것은 의외로 복잡하다. 그만큼 오래된 관행을 뒤집어엎는 급작스런 '반란'은 쉽지 않다. '합리적'이고 '상식적'이라는 기준 자체가 개인마다 다르기 때문에 갈등을 일으키기 쉽다. 그렇다고 이대로 그냥 가기에는 마을의 침체나 갈등을 방치하는 셈이고, 미래에 대한 기약도 없다. 이런 맥락에서 이 글의 취지를 다음 두 가지로 정리할 수 있다.

첫째, 시민이나 주민 개념은 모두 '다움'을 강조하고 지향점을 반영한 것이라는 점이다. 자치의식이 성숙되지 못한 농촌 현실에서 근대적 시민 개념이 형성되어 있다고 말하기는 여전히 어렵다. 또 '지역의 주인' 의식이 약하고 구성원의 공간적 이동이 여전히 많은 마을 현실에서는 주민 개념조차도 혼란스럽다. 그래서 주소지만 둔 주민과 마을공동체 구성원으로서의 회원을 개념적으로 구분할 필요성까지 제기하는 것이다. 농민다움과 농촌다움의 차원에서 지역사회의 주인공으로서 '주민다움'이 무엇인지 계속 질문해야 한다. 변화가 빠른 농촌 사회 현실 속에서 이런 질문 자체가 주민의 개념을 명확하게 하고, 지향점으로서 농촌시민사회의 모습도 구체적으로 전망하게 도와줄 것이다.

둘째, 농촌 사회가 너무 많이 변했고, 앞으로도 구성원이 빨리 변할 것이 예상되기에 '마을의 주민이 될 자격' 기준을 계속 질문해야 한다는 점이다. 그 기준을 아주 구체적으로 정하고 자치규약에 담자는 제안이라기보다, 주민들이 공식·비공식 자리에서 이런 질문을 계속 던질 필요가 있다는 의견이다. 이런 질문에 대한 답변이 바로 나올 수도 없고, 답변들이 나온다고 해도 모두 같을 수가 없다. 하지만 질문을 던지고 조금씩 합의를 보는 과정 자체가 마을의 정체성을 확립하고 공동체성을 강화하는 과정이 된다. 때로는 이런 과정이 이주민에게 배타적으로 (종종 '텃세'라고 불리는 형태로) 작용할 수도 있다. 그래서 갈등을 유발하겠지만, 공동체성을 오히려 강화하는(모난 돌을 둥글게 만드는) 과정이 될 수 있다. '농촌마을다움'을 고려한다면, 지나치게 개방적인 그래서 전출입이 지나치게 자유로운 농촌 마을은 어쩌면 '도시'와 다름없다. 누가 마을의 주인인지, 어떤 사람이 진짜 주민인지 질문을 계속 던지는 과정에서 난민사회가 아닌 마을다움은 살아날 것이다.

포토에세이

한국 근현대 마을 공간 변천기 2

2번 국도
마을 풍경

사진 | 이영섭   글 | 이경민

03

13	14
15	16

2번 국도 마을 풍경 | 이영섭 | 081

01 전남 광양시 진월면 월길리, 2016
02 전남 광양시 진상면 섬거리, 2016
03 경남 진주시 이반성면 가산리, 2016
04 전남 보성군 조성면 봉능리, 2016
05 전남 영암군 학산면 용소리, 2016
06 전남 신안군 암태면 단고리, 2016
07 성전주유소, 전남 강진군 성전면 월평리, 2016
08 동산주유소, 전남 장흥군 장동면 만년리, 2016
09 덕정마을 표지석, 전남 보성군 조성면 덕산리, 2016
10 대전마을 표지석, 전남 보성군 조성면 용전리, 2016
11 양촌마을 표지석, 경남 창원시 마산합포구 진전면 양촌리, 2016
12 율리마을 표지석, 전남 장흥군 장동면 배산리, 2016
13 대초마을회관, 전남 영암군 미암면 선황리 742-1, 2016
14 송정마을회관, 전남 강진군 강진읍 송정리 84-1, 2016
15 동전마을회관, 경남 창원시 마산합포구 진전면 동전리 640-1, 2016
16 청룡마을회관, 전남 강진군 도암면 덕서리 295-9, 2016

2번 국도
마을 풍경의 조건

이경민
사진아카이브연구소 대표

이영섭은 신안과 부산을 연결하는 노선인 2번 국도를 따라가며 전라남도와 경상남도에 위치한 마을과 주택들을 촬영했다. 2번 국도를 선택한 이유에 대해 그는 2번 국도 노선이 지나는 "하동을 경계로 전라남도와 경상남도의 상이한 지역적 특징과 주민들의 생활방식의 차이점"을 볼 수 있을 것이라는 기대심에서 시작했다고 말한 바 있으며, 더불어 '한국적 풍경'을 발견할 수 있을 것이라는 기대감도 내비쳤다. 이러한 기대감으로 시작한 이영섭의 〈2번 국도 마을 풍경〉을 읽기 위해서는 우선 그것이 놓인 조건들을 살펴보는 일이 중요하다.

풍경의 조건 1:
2번 국도의 탄생과 변천

수많은 국도 노선 중에 2번 국도를 이해하기 위해서는 우리나라 도로법의 시행 과정을 따라가면서 그 도로가 갖는 역사적 맥락을 살펴보는 것이 우선이다. 이 땅에 근대적인 도로망체계가 수립되기 시작한 것은 한국통감부가 설치된 1906년의 일이다. 통감부는 대한제국 정부로 하여금 내부에 치도국을 설치케 하고, 1907년 '제1기 도로개수사업'(4개 노선)과 1908년 '제2기 도로개수사업'(21개 노선)을 개시하여 각각 1910년과 1911년에 완료했다.

　이 도로개수사업을 통해 이른바 '신작로新作路'가 탄생되기에 이른다. 신작로 이전의 조선의 도로망과 교통체계는 관도官道의 경우 크게 대로·중로·소로 등의 규격으로 분류되어 있었지만, 모든 도로에 엄격히 적용되지는 않았다. 또한 주로 인마人馬가 중심이 된 도보교통을 전제로 했기 때문에 자연지형을 그대로 사용한 경우가 많았으며, 지방의 경우 생활교통로 기능이 강했다. 반면 일제가 한반도 통치를 위해 계획적으로 건설한 고高규격도로인 신작로는 정치적·군사적·행정적·경제적 주도권을 확보하기 위해 조성한 도로였다.

　특히 제2기 도로개수사업 노선 중 1909년 착공된 해남-하동선(해남-강진-장흥-보성-벌교-순천-광양-하동)은 2번 국도의 일부 구간과 겹치는 노선이기도 하다. 이 노선이 지나는 지역은 당시 의병활동이 가장 활발했던 전라남도 남해안 지역에 속한다. 통감부는 1909년 9월부터 10월까지 '남한폭도대토벌작전'을 벌여 2천여 명의 의병을 학살 또는 체포했으며, 체포한 의병들을 이 노선의 도로공사에 강제부역시켰다. 일제는 이 노선을 '폭도도로'라고 불렀는데, 처음부터 군사적 목적을 띠고 건설되었다.

　한국통감부 시기의 도로개수사업은 강제합병 이후 조선총독부 내무부로 이관되었다. 1911년 4월 '도로규칙'을 제정한 총독부는 모든 도로를 그 기능에 따라 1등도로, 2등도로, 3등도로, 등외도로 등 4등급으로 나누고, 각 등급마다 각기 다른 관리 주체와 건축 규격을 적용했다. 도로규칙에 따른 등급별 계획노선이 선정되자, 이를 시공하기 위해 제1기 치도사업(1911~1917)과 제2기 치도사업(1917~1938)이 시행되

그림 1 ┃ 2번 국도 노선도

었다. 1938년에는 '조선도로령'이 공포되어 기존의 도로등급제가 폐지되었고, 국도·지방도·부도府道·읍면도 등 관할별로 4종류의 도로로 분류되었다. 그러나 이러한 도로 관련 법령이나 규칙 등을 통해 새로 조성된 신작로는 사실 일반 주민들의 생활에는 별 도움이 되지 않았다. 보도 이동이 원칙이었고, 출타할 곳도 마땅치 않았던 당시 조선인들에게 넓은 도로는 무용지물이었다. 그럼에도 조선총독부에서 신작로를 만든 이유는 첫째는 전시 효과, 둘째는 군사 목적을 위해서였다.[1]

지금까지 살펴본 도로법의 시행에 따라 목포-강진-보성-순천-하동-진주-창원(마산)-진해-부산을 통과하는 2번 국도의 기본 골격이 만들어졌음을 알 수 있다. 우선 1909년 제2기 도로개수사업 노선의 하나인 해남-하동선의 완공에 따라 2번 국도의 강진-하동 구간이 만들어졌다. 이에 앞서 1908년 제1기 도로개수사업으로 착공된 신마산-진주 노선도 2번 국도의 일부 구간을 이루고 있다. 또한 1911년 시작된 제1기 치

---

[1] 손정목, 『일제강점기 도시사회상연구』(일지사, 1996), 331~333쪽.

도사업의 결과 하동에서 원전까지의 도로가 2등도로로 완성되었다. 1917년 착공된 제2기 치도사업으로 원전에서 진주까지, 그리고 마산에서 진해까지의 지방도로가 이어졌다. 그리고 1938년 시행된 조선도로령에 따라 진해-부산 간 노선과 목포-강진 간 노선이 마지막으로 연결되어, 비로소 목포-부산 노선이 완성되었다.

조선도로령은 해방 이후에도 1961년까지 이어지다가 그해 12월 법률 제871호로 제정된 새 '도로법'이 시행되자 비로소 폐지되었다. 한국 도로의 식민지성이 얼마나 오랫동안 지속되었는지 알 수 있는 대목이다. '조선도로령'에 국도로 분류되었던 목포-부산 노선은 1963년 각령 제1191호에 따라 국도 제14호선으로 지정되었고, 1966년 대통령령 제2845호에 따라 국도 제2호선으로 변경되었다. 1971년에는 대통령령 제5771호에 의해 일반국도 제2호선으로 재지정되었다. 이후 국책사업과 국가 차원의 행사, 그리고 경제적 필요성 등에 따라 새 도로가 편입되기도 하고 기존 도로가 제외되는 등 크고 작은 변화를 겪으면서 오늘에 이르고 있다.

풍경의 조건 2:
새마을주택의 발명과 농촌 마을의 균질화

이영섭의 〈2번 국도 마을 풍경〉을 읽기 위해 그것이 자리한 풍경의 두 번째 조건을 농촌 마을 경관의 역사를 추적하는 과정에서 살펴볼 수 있을 것이다.

전통적인 농업 국가였던 우리나라의 농촌 경관은 개항 이후 일제강점기를 거쳐 해방과 한국전쟁 그리고 전후 재건 과정을 겪으면서도 크게 변하지 않았다. 그러던 것이 1960~1970년대 들어서 근대화와 산업화를 추진하는 과정에서 급격한 변화를 겪게 되었다. 무엇보다도, 1961년 5·16 군사쿠데타를 일으킨 박정희 정권이 당시 국민 과반수가 농업에 종사하던 상황에서 집권 초기부터 농업 근대화 또는 농촌 근대화 이념을 중심에 놓고 농촌 근대화 프로젝트를 추진했기 때문이다.

농촌 근대화 프로젝트가 진전되면서 가장 큰 변화를 보인 것 중 하나는 농촌의 주택과 마을의 모습이었다. 특히 1970년 새마을운동과 더불어 시작된 농촌주택개량사업은 농촌 경관을 급진적으로 변모시켰다. 이 사업은 첫째, 농촌의 보편적인 주택 유형인 초가집을 기와·슬레이트·함석지붕으로 바꾸는 지붕개량사업(1971년 시행)을 시작으로, 둘째로 주택 보수와 농촌주택 건설을 위한 불량주택개량사업(1976년 시행), 그리고 마지막으로 마을 전체의 구조를 바꾸면서 주택을 표준주택으로 개량하는 취락구조개선사업(1977년 시행) 등 3개의 세부 사업으로 진행되었다. 농촌 경관도 농촌주택개량사업의 진척 상황에 맞추어서, 지붕의 재료와 모양으로부터 시작하여 주택의 형태를 거쳐 마을의 구조에 이르기까지 순차적으로 변화 과정을 밟게 되었다.

한편 정부에서는 표준주택과 관련해서 〈농촌표준주택설계도〉를 제작하여 무료로 보급했다. 일명 '새마을주택'으로 불렸던 농촌표준주택의 설계도는 1971년 연두순시 때 박정희의 지시에 따라 추진되었다. 1971년에는 4개 평형 20종의 설계도가 제작되었으며, 1972년에는 5개 평형 15종의 설계도가 제시되었다. 1978년 발행된 『새마을농촌주택개량』이라는 책자(사진 1)에는 새마을주택의 평형별 조감도 및 설계도(사진 2, 3)와 함께 주택의 색채 선정 요령도 안내하면서, '주위 환경에 따른 지붕과 벽체의 배색 예시'를 표로 제시했다. 가령 녹암회색의 지붕 색상에는 회백색이나 미색의 벽체 색상을, 주홍색의 지붕 색상에는 연

사진 1 | 『새마을농촌주택개량(1978)』의 표지. 사진아카이브연구소 소장.

회색의 벽체 색상을 권장하는 식으로 지붕과 벽체의 배색 견본을 제안하고 있다. 일종의 새마을주택을 위한 표준색상표인 것이다.

  이처럼 농촌 근대화 프로젝트의 일환으로 농촌주택개량사업이 시행되면서 농촌의 주택들은 표준주택설계도에 따라 지어졌다. 지붕과 벽체의 색깔도 농촌의 지역적 특성을 고려하지 않고 강제로 지정되면서 모든 농촌의 경관이 천편일률적인 모습으로 바뀌었다. 결국 표준설계도와 표준색상표에 따라 한국 농촌의 주택은 근대적인 새마을주택으로 변모되었으며, 이 과정에서 농촌 마을 특유의 지역색을 잃게 되었다. 결국 '로컬 컬러local color'가 일명 '새마을 컬러'로 바뀌면서 농촌경관의 표준화와 균질화를 초래했다. 이는 우리나라 농촌경관사에서 그 이전 풍경과의 급진적 단절을 보여주는 역사적 순간으로서, '정치적 풍경'의 등장을 알린 사건이기도 하다.

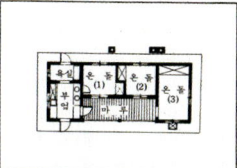

사진 2 | 〈농촌표준주택설계도 15평 가형〉(『새마을농촌주택개량』, 1978).

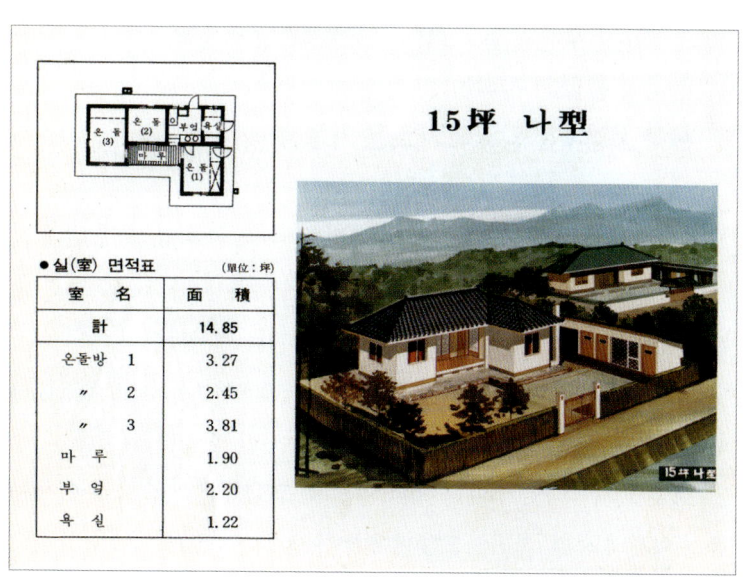

사진 3 | 〈농촌표준주택설계도 15평 나형〉(『새마을농촌주택개량』, 1978).

이 지점에서 "하동을 경계로 전라남도와 경상남도의 상이한 지역적 특징과 주민들의 생활방식의 차이점"을 발견할 수 있을 것이라는 이영섭의 기대감은 사라질 수밖에 없다. 그가 현장에서 실제로 확인한 농촌 경관의 획일성은 비단 2번 국도의 농촌 마을에서뿐만 아니라 다른 국도변의 모든 농촌 마을에서 반복적으로 나타나는 농촌 풍경의 현실이다. 하지만 바로 이 지점을 인식하는 것이 중요하다. 역설적으로 2번 국도의 마을 풍경을 왜 촬영해야 하는가 하는 작업의 정당성이 주어지기 때문이다. 그동안의 풍경사진은 그것이 자연경관이든 문화경관이든 그 경관의 외관을 경이로움의 시선이나 비판적 시선으로 담아오는 데 급급했다. 그러나 왜 그런 풍경이 만들어졌는가에 대한 메타풍경의 시선은 보여주질 못했다.

한국적 풍경의 자리: 한국 풍경사진 담론의 새로운 가능성

이 땅에서 풍경을 다루는 사진가라면 응당 '한국적 풍경'에 대해 자문하지 않을 수 없을 것이다. 하지만 대부분 전통 회화가 보여줬던 풍경 이미지의 효과나 소재적인 요소에서 그 해답을 구하려고 노력한다. 하지만 그러한 해답 찾기는 대부분 실패로 돌아간다. 그런 작업들은 '한국적 풍경'을 '처음부터 외부에 존재해온 유구한 역사와 전통의 풍경' 개념으로 이해했기 때문이다. 이런 전통 담론에서의 풍경 이해는 '풍경 이전의 풍경'(사진술 도입 이전 회화에서 보여주었던 풍경)을 사진으로 재현한다는 것의 불가능성과 비가역성을 반복하는 행위에 다름 아니다. 한때 단색회화나 미니멀리즘을 차용하여 우리나라 풍경사진의 한국성과 특수성을 무계조적이고 비관계적인 화면 구조에서 찾으려는 시도도 있었다. 하지만 이 역시 형식의 유사성에 근거한 논의였기에 쉽게 사라져갔다. 그렇다고 민족담론이 창출되는 과정에서 도출된 한국인의 미의식과 조형의식에 자신의 풍경을 대입하는 방향은 고답적인 해석에 갇히고 만다.

여기서 풍경사진의 기원을 살피는 일이 중요하다. 그것은 우리의 풍경 개념이 어디에서 비롯되었는지를 확인하기 위한 첫 관문이기 때문이다. 확인된 바와 같이 우리의 풍경사진은 개항 전후 타자들에 의해 발견된 식민화의 풍경을 그 기원으로 하고 있다. 그러나 그 기원은 은폐된 채, 우리의 풍경 논의는 항상 풍경 이전의 풍경으로 소급되어 이야기되곤 한다. 하지만 세상을 그림으로 바라보는 것과 사진으로 바라보는 것은 질적으로 다른 사태이다. 그렇기 때문에, 근대적 재현방식인 사진 안에 풍경 이전의 풍경을 그려내는 것은 불가능하다. 따라서 풍경사진에 대한 논의를 진전시키기 위해서는 풍경사진의 기원을 밝히고 그것이 식민화된 풍경일지라도 그러한 풍경이 만들어진 조건을 확인하는 일이 중요하다. 또 풍경사진의 기원을 밝히는 것은 '풍경 이전의 풍경'과 '풍경 이후의 풍경'이 갈라지는 단절 지점을 확인하는 과정이기도 하다.

모든 사진은 그 사진만의 역사와 시간을 가진다. 풍경사진 또한 그 사진만의 풍경의 역사와 시간을 보여준다. 이런 의미에서 한국적 풍경은 늘 현재적일 수밖에 없으며, 현재의 풍경이 가장 한국적인 풍경이 될 수 있다. 이런 맥락에서 볼 때 이영섭의 '2번 국도의 마을 풍경'은 그의 말마따나 "2016년 대한민국 국도 2번의 현재 풍경"에 대한 기록이며, 그런 점에서 한국적 풍경사진의 자격을 얻을 수 있다. 하지만 그런 자격만으로 한국적 풍경사진을 말할 수는 없다. 앞서 살펴본 것처럼 그런 풍경이 만들어질 수밖에 없었던 풍경의 조건에 대한 이해 없이 피상적인 현재의 모습만을 재현한다면 그것은 자의적으로 해석된 풍경에 지나지 않을 것이다.

이를 극복하기 위해 이영섭은 '2번 국도의 마을 풍경'이 만들어진 1970년대 농촌 경관의 기원을 추적하기 위해 풍경의 물리적 조건과 역사적 조건들을 살뜰히 살폈다. 이렇게 역사적 조망 거리를 확보한 그는 현 단계의 2번 국도 대신 옛 2번 국도를 따라 정치적 경제적 이유에서 소외되고 해체되어가는 마을의 풍경들을 담았다. 버려진 옛 2번 국도에서 발견된 폐점 상태의 주유소와 휴게소(이 책, 078~079쪽)는 도로의 기능 변화에 따라 바뀌는 농촌 경관의 다층적이고 혼재된 풍경을 보여준다.

이영섭은 2번 국도의 전체적인 풍경을 살피기 위해 옛 노선을 따라 목포에서 부산까지 이어진 수많은 마을들을 1개월간 촘촘하게 기록했다. 이 사전 작업에서 그는 160여 마을 입구의 표지석을 촬영했으며, 표지석이 없는 경우 마을회관으로 대신했다(이 책, 080~081쪽). 이러한 작업의 결과들은 2번 국도에 관한 방대한 사진아카이브로 구축되어 훗날 중요한 역사지리학과 지역사 연구의 토대가 될 것이다.

그가 이러한 아카이브를 구축하기 위해 선택한 촬영방식은 형식상 유형학이나 도큐먼트 형식으로 부를 수 있지만, 1978년 농촌주택개량사업의 추진상황을 대통령에게 보고할 때 사용된 사진 형식에 더 부합해 보인다(사진4, 5).[2] 일명 '새마을양식'이라고 해도 좋을 이 형식은 사업의 성과를 사업 전과 후로 비교하거나 객관적 시각을 제시하는

---

2 사진 4와 5는 이영섭이 자신의 박사학위논문에서 인용하고 있다. 이영섭, 『2번 국도변 한국 마을 풍경 연구 – 〈2번국도 마을 풍경〉 전의 작품론』, 홍익대학교 대학원 박사학위 논문, 2018.

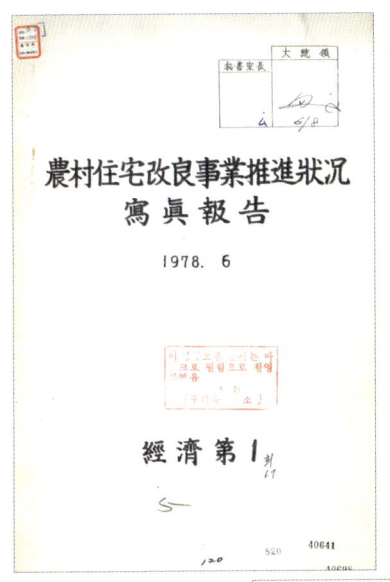

사진 4 |
「농촌주택개량사업추진상황 사진보고」(1978. 6)의 표지. 국가기록원 소장.

사진 5 |
「농촌주택개량사업추진상황 사진보고」(1978. 6)에 수록된 완공된 표준설계주택(15, 18평형). 국가기록원 소장.

방법론으로 차용되었다. 재현 주체가 표상하는 방식을 차용함으로써, 재현 주체의 시선과 그 시선이 향하는 지향점을 비판적으로 읽어볼 수도 있다.

  같은 2번 국도 안에서도 도로 기능의 변화에 따라 마을 경관의 부침이 있어왔고, 지난 40~50년간의 시간적 경과 속에서 각 시대의 흔적들이 혼재된 채 오늘날의 풍경을 구성하고 있다. 결국 한국 풍경사진의 담론을 모색하기 위해서는, 개항 이후 역대 정치권력들이 이 나라의 풍경을 어떠한 물리적인 시스템과 제도 그리고 공간의 정치학에 따라 만들어왔는지를 규명하는 일로부터 시작해야 한다. 그때서야 비로소 서양의 풍경사진 담론을 빌리지 않고도, 이 땅의 역사와 문화에 근거한 우리의 풍경 이야기를 할 수 있을 것이다.

스밈

농촌으로부터

윤재영 씨 | 홍순명
Beyond 소농 | 조대성
협동조합젊은협업농장 실험보고서 2: 젊은협업농장과 마을 | 정민철

윤재영 씨

홍순명
정농회 회원, 전 홍동밝맑도서관장

여러 해 전이다. 머리가 희끗한 신사가 홍동밝맑도서관 아고라방에서 책을 펼치고 앉아 있다. 언뜻 보기에는 숨은 독서가 같다. "책을 좋아하시네요." 커피를 권했다. 말없이 마신다. 누굴까?

궁금증은 월현리의 하늘공동체에서 봉사활동을 하던 손정희 씨 전화로 풀렸다. 거기서 돌보는 지적장애인인데 사고무친으로 인천 어디 사는 누님하고만 연락이 닿는다고 한다. 나이는 50세쯤. 방안에 가만히 못 있어 늘 돌아다니고 커피를 유난히 좋아한다는 것. 신사다운 모습은 실제로도 여러 모로 나타난다. 신발 정돈을 보여주었더니, 나갈 때 신기 편하게 꼭 돌려놓는다. 커피잔 치우는 것을 보고 꼭 자기가 마신 잔을 개수대에 갖다 놓는다. 여름에 환기를 하려고 문을 조금 열었더니, 엄동에도 꼭 열어놓고 간다. 얼마나 받은 교육대로 원칙에 충실한가?

그는 과묵해서 일상에서 쓰는 말은 합치면 열 마디 정도고, 대부분 의사를 손짓으로 보충한다. 만날 땐 크게 "아년하슈", 손으로 밥 먹는 시늉을 하며 "먹었슈?", "저어기(다녀온 곳. 거리에 따라 소리의 장단이 조절된다).” 그리고 좋고 나쁜 건 표현이 분명하다. 예를 들면 "저어기(말의 길이로 보아 멀지 않은 거리 같다. 손가락 방향을 보니 팔괘리 쪽이다. 그리고 거실의 진달래 화병을 손으로 가리킨다. 이런 꽃을 보았다는 뜻이다).” "조아. 아주 조와, 정말 조아." 이것들이 그의 어법에서 총동원되는 형용사의 기본형·비교급·최상급이다. 남의 단점만 들추어 피곤한 세상에 이 말들만 남기고 다 없애면 고래도 꽃도 다 춤을 출 판이다. 안 좋은 쪽으로는 "에이구" 한마디인데, 높낮이와 강약, 장단으로 열두 가지 의미를 나타낸다. 부정도 동정도 놀람도 고통도 공감도 한마디로 나타낼 수 있다는 게 정말 신기롭다. 예를 들면 이런 것이다. 이마에 반창고를 붙이고 왔기에 이유를 물었더니, 오른쪽 검지로 왼손바닥을 찌르며 머리를 끄덕 하고 "에이구"라 한다. 못을 머리로 박아 고통스럽다는 말이다. '하지(할아버지. 내 별명)'가 감기로 누워 있을 때, 방에 들어와 발로 이불을 툭툭 차며 그 말을 할 때는 동정이 담겼다. 그의 언어생활을 보면, 소통에 정작 필요한 것은 많은 말보다 공감을 교환하는 감성력이 아닐까 하는 생각이 든다.

지역에 그만한 자유인은 드물 것이다. 온 동네가 자기 카페다. 목공소건 도서관이건 내가 커피 있는 데를 알고 그들이 주어서 마시는데 말할 사람 있으면 나와봐라. 공공장소에서 회의 중이건, 강사가 열강 중이건, 그런 자리에 으레 그렇듯 손전화를 진동으로 해놓건, 그건 당신들 사정이다. 에헴, 큰 소리로 사또가 나가시는 등장을 알리곤, 비어있는 귀빈석 자리에 털썩 앉는다. 그리고 존다.

무어니 해도 그의 장점의 우선순위는 인사성이 밝은 데 있다. 어디서 분명 무슨 소리가 나서 그쪽을 보면 그가 멀리서 손을 흔들고 소리를 지르며 다가온다. 나는 마을사람들이 그의 인사를 반만큼이라도 따라하면 마을을 더욱 사랑할 큰 이유가 되리라고 굳게 믿는 사람이다. 다문화 이주민에게 "신짜오", "니하오" 한마디 인사를 하면 그들의 타향살이 마음에 아련한 꽃이 필 것이다. 어린 학생이 "할아버지(할머니) 안녕하세요?" 하면 노인들 얼굴에 웃음꽃이 피지 않을 리가 없다. 예전에는 인사를 받는 어른들이 "오냐, 너 부모가 누구누구지?"라고 되물으시던 기억이 난다. 그 말에는 "나도 잘 아는 네 부모의 사랑과 교육을 받아, 네가 동네 늙은이에게 이렇게 인사를 잘하는구나, 참 착하다 착해"라는 뜻이 있었다. 어른들의 말 속에 그런 뜻이 들어있던 것을 어린 마음에도 느꼈다.

요즘서야 윤씨의 인사성은 동네 사람들의 선의에 대한 그의 자연발생적인 반응임을 알게 되었다. 그러고 보면 윤씨는 주민들의 선의를 계측하는 감성센서를 내장하고 오늘도 절뚝거리며(교통사고로 발을 다쳤다고 한다) 동네를 돌아다니는 것이 아닐까?

서로 나이, 성별, 다문화, 장애인이라는 차이는 있지만, 차별은 조금이라도 덜 느끼게 하는 것이 지역복지의 첫걸음이 아닐까?

Beyond 소농

조대성
농민

농사와의 인연은 10년 전, 풀무학교 전공부(이하 전공부)에 입학하면서 시작되었다. 그곳에서 배운 농사의 이상적인 형태는 소농小農이었다. 대규모 농지에 화학비료와 농약, 큰 기계를 사용하는 농사는 지속가능하지 않다는 문제의식에서 시작된 듯하다. 간단히 말하자면, 소농이란 적절한 규모에서 유기농법으로 자연과 지역사회를 살리는 농사의 형태이다. 도시라는 시스템이 가지는 한계를 극복할 대안으로 농사를 생각한 10년 전의 나에게, 소농이라는 개념은 무척이나 매력적이었다. 함께 공부하는 동기들과 《녹색평론》에 실린 글을 읽으며 무엇이 소농인지, 어떤 방식이 지속가능한 농업인지 토론했다. 개인 논밭 과제 시간에는 실험도 하며 농부라는 미래를 꿈꾸었다. 전공부를 졸업하고 농업 현장에서 지내보니 소농이라는 개념은 농업 현실과 잘 맞지 않는 옷처럼 느껴졌다. (그렇다고 내가 대농의 삶을 살고 있는 것은 아니다. 규모로 보면 나는 고작 600평의 농지에서 농사짓는 완벽한 소농이라고 할 수 있다.) 소농이라는 말은 매력적이고 이상적이어서 사람들은 소농의 삶을 쉽게 생각하지만 농업 현실은 무척 어렵다. 현실과의 낙차가 매우 크기 때문에 오히려 그렇게 생각할 수 있는 것 같다.

    몇 년 전부터 홍동의 몇몇 농부들이 자연재배自然栽培를 시작했다. 이것은 소농보다 더 매력적이다. 자연농自然農은 경운하지 않고 비료를 넣지 않는다. 인위적인 힘을 최소화하고 작물이 스스로 자라도록 한다. 농사를 처음 접하는 분들이 자연재배를 시작하는 사례를 자주 본다. 그러나 자연재배는 무척이나 어려운 농사 방법이다. 웬만큼 부지런하지 않으면 자연에게 패배하기 쉽다. 작년까지 마을활력소 앞에서 몇몇 귀농자들이 텃밭을 자연재배로 가꿨다. 나는 매일 출퇴근길에 그 앞을 지나가며 수북한 풀을 볼 때마다, 과연 제대로 농사를 짓는 것인지 하는 생각에 안타까웠다. 얼마 전에는 누군가 트랙터로 로터리를 쳐놓은 것을 보았다. 자세한 사정은 잘 모르지만 차라리 시원하다는 생각이 들었다.

    자연과 농사는 모순된 개념이다. 도시에 살 때 자연은 나의 로망이었지만, 농사를 지으며 알게 된 자연은 무서운 존재였다. 여름 한 철 동안 제초를 하지 않으면 밭은 자연 상태가 된다. 그곳은 인간의 출입을 허락하지 않는다. 사람들이 흔히 떠올리는 자연이란, 엄밀히 말하자면 인간에 의해 잘 관리된 자연이다. 진정한 자연을 만나면 환삼덩굴에 피부가 쓸리고 갑자기 발밑을 지나가는 뱀을 만나 심쿵하게 된다. 반면에 농사는 자연을 파괴한다. 다양한 식물 생태계를 파괴하고 인간이 원하는 특정 식물만을 선택해서 키운다. 나는 언젠가 고구마밭에서 김을 매며, 무수한 풀에게도 생명이 있다는 생각을 했다. 그들의 허연 뿌리가 뒤집히고 생명을 잃어가는 모습을 보며 마음 한구석에서 기묘한 죄책감이 들었다. 수없이 많은 생명을 죽이는 농부는 얼마나 큰 죄인인가. 풀에도 영혼이 있다면 한 끼의 식사에도 하늘만큼 원한이 담겨 있고, 쌀 한 톨을 버리는 자는 불지옥에 떨어질지도 모르겠다. 자연재배가 얼마나 어려운지는 이론적으로도 설명이 가능하다. 인간을 허락하지 않는 자연과 그것을 파괴하는 농업이라는 상반된 개념, 그 둘이 함께하는 것은 어렵지 않을 수가 없다.

나는 소농이나 자연농 이전에 농부가 되려는 자가 갖추어야 하는 자질에 대해 말하려고 한다. 굳이 이름을 붙이자면 '책임농'이라 할 수 있겠다. 농사는 어떠한 방식으로든 가능하다. 그러나 자신의 농사에 책임을 져야 한다. 책임지지 않는 농부는 자신이 선택한 농법의 명예를 더럽힌다. 유기농을 하는 농부가 자신의 농사를 책임지지 못한다면 사람들은 유기농을 비웃을 것이다. 자연농이나 관행농도 마찬가지다. 소농이나 대농도 피해갈 수 없다. 그렇다면 책임농이 갖추어야 할 자질은 무엇인가.

첫 번째는 깔끔하게 정리정돈된 농장을 만드는 것이다. 농기구는 각자의 위치에 있어야 하며 비료포대와 육묘용 포트, 각종 파이프와 예초기 등 다양한 농자재는 종류별로 정리되어 있어야 한다. 작업장의 동선도 안전해야 한다. 그렇지 않으면 불필요한 부상에 시달릴 수 있다. 농장이 깔끔하면 출입할 때 마음이 편하고 농장에 한 번이라도 더 가고 싶어진다. 내가 만나본 농부 중에 농사를 잘 짓는 농부는 대부분 농장이 깔끔했다. 반면에 농장이 지저분한 농부는 대부분 농사를 잘 짓지 못했다. 그 이유는 무엇일까? 농장을 자녀라고 생각한다면 쉽게 이해할 수 있을 것이다. 부모가 사랑하는 자녀의 옷을 갈아입히지도 않고, 냄새가 나고 지저분한 상태로 학교에 보내지는 않을 것이다. 자신의 농장을 사랑한다면 깔끔하게 정리해야 한다. 농사를 대하는 마음가짐이 여기에서 드러난다. 이것은 농업뿐 아니라 모든 작업의 기초라고 할 수 있다. 천성이 일 벌이기를 좋아하고 정리를 잘하지 못하는 성격이라 내 방은 늘 지저분했다. 그러나 농장은 늘 깔끔하게 정리하려고 노력한다. 누구든 월천농장이 지저분한 것을 보게 되면 나를 채찍질해달라.

두 번째는 자신의 노동력을 정확하게 아는 것이다. 그리고 그에 따라 적절한 농장의 규모를 정해야 한다. 자신이 하루에 몇 시간씩 일을 할 수 있으며 체력과 지구력이 어느 정도인지 알아야 한다. 예를 들어 현존하는 최고의 농부의 노동력을 10이라고 할 때, 자신의 노동력이 최하 5에서 최상의 컨디션인 경우 7이라고 가정하자. 그에 따른 적정 농사 규모는 비닐하우스 200평에 일일작물 한 종류, 혹은 노지 500평에 계절작물 두 종류와 논 1,000평 정도라는 것을 파악해야 한다. 이것은 처음부터 알 수는 없기에 몇 년간 농사를 배우며 파악하면 된다. 자신의 노동력을 잘 모른 채 대규모 농사를 지으면 자연의 무서움을 맛보게 된다. 그 맛은 참 쓰다.

세 번째는 창업의 자세로 농사를 시작해야 한다. 농장에 일이 많을 때는 새벽부터 일을 시작해서 머리에 랜턴을 달고 자정까지도 한다. 이런 이야기를 하면 가끔 어떤 분은 바쁜 도시를 떠나왔는데 그렇게까지 농사짓고 싶지는 않다고 한다. 한번 생각해보자. 홍성 읍내나 내포에 퇴직금을 모두 투자해서 치킨집이나 편의점을 창업한 사장님이 자신의 사업을 궤도에 안착시키기 위해 새벽부터 자정까지 일하는 모습은 너무나도 자연스럽다. 대부분 대한민국의 자영업 사장님은 그렇게 열심히 사시기 때문이다. 그러나 농사는 그렇지 않다고 생각하는 경우가 많다. 왜 그런가. 농사는 무슨 특별한 직업인가? 그렇게까지 일하면서 농사짓고 싶지 않다는 사람들의 이야기에서 농사를 깔보는 마음이 조금 보인다. 절반은 농사짓고 나머지는 농촌의 여유 있는 삶을 살겠다는 이야기를 치킨집에 대입해보자. 절반은 치킨 장사를 하고 나머지는 여유 있는 도시의 라이프를 즐긴다면 어떻게 될까. 한 달이

채 안 돼서 장사는 망할 것이다. 농사도 마찬가지다. 초기에 농사를 궤도에 안착시키려면 엄청난 집중력과 시간 투자가 필요하다. 여유 있는 삶을 사는 멋진 농부들은 초보 농부 시절에 깊이 있는 고생을 했다. 농사는 창업이다. 아무것도 없는 농지에 농부의 모든 재능과 감각, 통찰력을 동원해서 농장을 디자인해야 한다. 하나부터 열까지 농부의 손으로 만들어가야 한다. 가능한 모든 인맥을 동원해서 농사 선배들의 도움을 받아야 한다. 그러려면 먼저 선배의 농장에 가서 일을 도와주어야 한다. 그러면서 농사를 배워간다. 이렇게 열심히 3년 정도 일한 뒤에 농장을 만든다면 절반은 농사짓고 절반은 농촌의 여유 있는 삶을 즐길 수 있을지도 모른다.

네 번째는 자신이 수확한 농산물을 누군가에게 팔아서 그 돈으로 자신의 생계를 이어가야 한다. 텃밭에서 다양한 작물을 키우며 식생활의 일부를 자급자족하는 것을 '농사'라고는 할 수 있다. 하지만 그것을 '농업'이라고 말하지는 않는다. 농업農業에는 농부의 생계가 걸려있다. 텔레비전 프로그램 '나는 자연인이다'에 나오는 '자연인'이 아닌 이상, 농사로 모든 생계를 보증할 수 없다. 직접 생산한 농산물을 팔아서 번 돈으로 생활에 필요한 것을 사야 한다. 농산물을 누군가에게 판매해보면 농사에 대한 태도가 달라진다. 전공부에서 종종 실습 과제 밭을 자연 상태로 만들어놓는 학우들을 보았다. 왜 그럴까? 생산 이후 유통에 대한 고민을 하지 않기 때문이다. 잘해봐야 학교 식당에 공급하는 것이 전부이기 때문에, 대부분의 학생들은 농사를 대충 짓는다. 농산물을 누군가에게 판매하기로 계약했다면, 적어도 풀밭으로 만들지는 않을 것이다. '내 주머니의 돈은 쉽게 나가도 남의 주머니의 돈은 쉽게 오지 않는다'는 말은 농산물을 판매하면 몸으로 이해하게 된다. 돈을 받고 판다는 것은 농산물로 사람의 마음을 얻는 것이다. 남의 마음에 들 정도로 괜찮은 농산물을 생산하고자 노력하면, 자연스럽게 농사를 진중하게 대하고 자신의 농사를 책임지게 된다. 그러나 농산물을 판매하지 않고 유통에 대한 고민이 없으면, 씨만 뿌리는 무책임한 농부가 되기 쉽다.

아, 나는 또 한 편의 잔소리를 완성했다. 글이라는 긴고아緊箍兒는 나를 옭아맬지도 모른다. 그러나 좋게 생각하자. 머릿속을 떠도는 농부의 잡생각을 정리하고, 스스로를 세워가는 것이라고. 그렇다, 이제 소농의 시대는 지났다. 곧 책임농의 시대가 온다.

협동조합젊은협업농장 실험보고서 2

젊은협업농장과 마을[†]

정민철
협동조합젊은협업농장 상임이사

협업농장을 준비하기 위해 홍성유기농영농조합을 찾아가다

처음 협업농장(이때는 협동조합농장이라고 생각)에 대해 구상하고 협의를 위해 찾아간 곳은 홍성유기농영농조합이었다.

이전까지 풀무학교 졸업생의 활동공간은 홍동면이었다. 풀무학교 중·고등부에 입학한 청(소)년들은 홍동면 출신이 많았다면, 풀무학교 전공부에 입학한 청년들은 도시 출신이 대부분이었다. 학교를 졸업한 이들이 활동을 시작하는 초기의 가장 큰 어려움은 (지금도 마찬가지지만) 이용가능한 토지를 확보하는 것이다. 홍동면에는 학교의 유휴공간이나 토지가 있고, 학교 교사와 관련 단체들의 도움을 받기가 수월하다 보니 홍동면이 활동공간이 된 것은 당연한 일이라 할 수 있다. 전공부가 세워진 2001년대 이후 활동이 가장 활발히 이루어진 곳

[†] 이 글의 대부분은 2013년에 썼다. 그때의 생각을 최대한 유지하면서 내용을 조금 추가했다. 지금 젊은협업농장과 마을의 상황은 많이 다르지만 그 내용은 다음으로 미루고, 이번 글은 초기의 생각을 최대한 충실하게 소개하려 한다.

이 홍동면 운월리 갓골 주변인 것도 마찬가지 이유에서다. 이곳에는 예전에 학교 자립을 위해 돼지를 키우던 축사가 남아 있고, 토지도 일부 있었다. 또한, 학교와 가까워서 교사와 연계하거나 학교를 통해 지역단체와 연계하기가 수월하다는 장점이 있었다. 고등부도 1990년대 이후 전국에서 입학생이 모이는 중이었고, 다른 농촌 지역에서도 마을을 새롭게 하려는 활동들이 다양하게 시도되고 있었다. 하지만 젊은이가 부족하다는 공통적 고민이 있었기 때문에 풀무학교(특히 전공부) 출신들의 활동 영역이 홍동면을 벗어나 다른 지역으로 확대되어야 한다는 문제 제기는 지속적으로 있었다. (정부 차원에서 농업·농촌과 청년을 연계하는 사업을 시작한 것은 2017년부터다.) 풀무학교와 마을에서 배워 다양한 농촌 마을로 나아가 활동하는 것이 필요하다는 고민은 있었지만, 관계가 전혀 없는 다른 마을로 가서 청년들이 농업을 실천하기는 말처럼 쉬운 일은 아니었다.

  이런 고민 속에서 협업농장은 홍동면 이외의 곳에서 시작하자고 생각했고 장곡면[1]에 있는 홍성유기농영농조합을 찾아간 것이다. 장곡면은 홍동면과 인접해 있고, 삽교천으로 연결되어 있어 2000년 중반까지는 유기농업을 많이 실천하던[2] 곳이다. 친환경농업을 포

---

[1] 장곡면 소재지와 홍동면 소재지 사이의 거리는 8㎞에 불과하여 다른 지역인가라는 질문을 많이 받았다. 홍동면에 사시는 원로 교사는 젊은협업농장을 방문하면서 장곡면 도산 2리의 홍동저수지를 보고 홍동에 산 지 60년 만에 처음 본다는 말씀도 하셨고, 나 역시 처음 와본 곳이었다. 이는 홍동면의 생활권이 홍성읍인 반면, 붙어 있는 장곡면의 생활권은 광천읍이나 청양읍이기 때문인 듯하다. 그렇기 때문에 두 면을 오가는 교통편 역시 매우 적은 편이다.

[2] 홍성을 기반으로 활동하던 풀무생협은 홍동면 친환경논농업에 필수적인 삽교천의 수질 개선이 중요한 과제였고, 이를 위해서는 삽교천(홍동저수지)의 상류인 장곡면의 친환경농업 확대가 필수적이라고 판단했다. 2000년 초반부터 장곡의 친환경논농업 확대가 이루어졌다. 하지만 전국적으로 친환경농업을 경쟁적으로 확대하면서 유기재배 쌀의 판매 부진이 이어졌다. 이 현상은 수매한 쌀이 남아돌면서 풀무생협의 재정 악화로 이어졌다. 어려운 현실에 어떻게 대처할 것인가에 대한 논쟁은 조직의 분화로, 그리고 판매의 어려움과 벼 수매가격의 하락은 친환경농업의 포기로 이어졌다.

함한 다양한 지역활동의 경험을 홍동면과 공유한 곳이기도 하다. 특히, 홍성군 친환경농업에 중요한 역할을 하는 홍성유기농영농조합은 이전 홍동면의 활동과정[3]에서 교류가 있었던 단체다. 홍성유기농영농조합에서 사회적기업 사업의 일환으로 시도한 공동농장(채다미농장[4])의 운영 방향에 대한 논의에 참가한 적도 있어서 장곡면을 우선적으로 염두에 두었다. 또한 함께 협업농장을 진행할 청년들이 벌써 홍동면에 집을 구해 거주하고 있는 상황에서 농장을 더 멀리 두기는 현실적으로 어렵다는 판단도 있었다.

장곡면에서 농업 진행 방향을 결정하다

장곡면에서 농업을 어떻게 진행할 것인가에 대해 협의하여 몇 가지 방향을 결정했다.

---

[3] 2000년 중반 만들어진 홍성유기농영농조합은 홍동면의 풀무생협, 홍성친환경작목회(홍동농협)와 함께 친환경농업 활동을 중심으로 활동하던 단체다. 홍성유기농영농조합은 장곡면에 있고, 대부분의 조합원 역시 장곡면 사람들이어서 일부 경쟁하는 부분도 있었지만, 홍동면에서 주로 이루어지던 다양한 지역활동(특히, 소비자 및 조합원 교육)에는 함께 참여했다. 다른 단체와 달리 쌀만이 아니라 다양한 친환경 밭작물을 함께 취급하는 영농조합이었기 때문에, 다품목을 생산하는 소규모 친환경농가들의 가입이 2010년 이후 증가했다. 홍성유기농영농조합을 통해 장곡면 사람들이 홍동면에서 함께 활동하기도 했지만, 갓골 주변 활동에 많은 역할을 한 귀농(촌)자들은 주로 장곡면 (지정 1리)에 속하는 한울마을 사람들이었다.

[4] 채다미농장은 홍성유기농영농조합법인의 직영농장으로 도산리 2구에서 시작했다. 시장에서는 필요로 하나 기술적, 경제적, 계절적 한계로 조합원이 생산하지 못해 외부에서 구입하는 농산물을 생산해보자는 것이 목적이었다. 사회적기업이어서 하우스 신축비용과 인건비 지원도 가능하며, 판매가 확실하니 일부 고용의 방식을 통해 농산물을 생산하려는 시도였다. 시작 초기엔 5~7명의 청년들이 모여 운영방향과 작부체계 등을 논의했다. 이후 2명이 남아 몇 년간 지속하다가 해산했다. 협동조합젊은협업농장 운영 이후 도산리 2구에는 청촌협동조합이라는 이름의 협업농장도 시도되었다. 교육농연구소에서 농업을 하던 청년들 5~6명이 젊은협업농장을 모델로 협동조합으로 농장을 운영하기 위해 협동조합법인과 시설까지 만들었으나, 내부 의견 충돌로 중단되었다. 현재, 협동조합행복농장이 사용하는 시설이 그곳이다.

첫째는, 홍성군의 유기논농업 기술은 상당히 수준 높지만, 유기밭농사는 논농업에 비해서나 다른 지역에 비해 상대적으로 기술과 생산성이 떨어진다는 문제제기가 이전부터 있었기 때문에 새로 진입하는 젊은 청년들이 밭농사[5]를 중심에 둔 농업을 하자는 것이다. 이는 밭은 논에 비해 임차가 더 쉽고, 논에 비해 농지 임대 규모를 줄일 수 있다는 현실적 이유도 있었다. 둘째는, 토지·농기계 등의 경제적 자본이 없지만 여럿이 함께 농장을 운영한다는 조건에 적합한(즉, 여러 사람이 함께한다는 특성과 농기계 등의 사용을 최소화할 수 있는) 자본 중심이 아닌 노동력 중심의 농업을 하자는 것이었다. 이는 청년들이 어떻게 농업에 접근할 수 있는가를 시범적으로 실천해보자는 초기 목표의 답이기도 하다. 셋째는, 작물 선택에서 기존 농민과 경쟁하지 않고 지역에서 필요로 하거나, 지역에 도움이 될 수 있는 작물을 생산하자는 것이었다.

사진 1 | 2012년 초창기 사진. 왼쪽부터 정민철, 조대성, 유성환. 그때는 장곡면에서 일하다가 점심을 먹기 위해 홍동면까지 이동했다. 점심은 대부분 정민철의 집에서 해결했다. 장곡면과 홍동면 간의 이동을 위해 자전거를 타기 시작해서 지금은 '바이시끌'로까지 이어지고 있다.

---

5 홍성에서 친환경밭농사와 관련된 작목반이 있는 곳은 풀무생협과 홍성유기농영농조합 두 곳이다. (홍동농협의 경우 2012년부터 친환경밭작목회를 시작했다.) 풀무생협 채소작목회(이후 풀무채소영농조합으로 분화)가 단일작물을 일정 규모 이상으로 재배하는 방식으로 전환되었다면, 홍성유기농영농조합은 작은 규모임에도 다양한 친환경밭작물을 취급한다는 차이가 있었다. 밭작물의 다양화라는 시장의 요구에도 불구하고, 홍성유기농영농조합도 조합원이 생산한 친환경농산물의 품목과 물량이 많지 않아 다른 지역에서 구입하는 경우가 많다 보니, 이를 지역에서 생산하려고 노력하고 있었다. 그렇기 때문에 새롭게 농사를 시작하는 입장에서는 상대적으로 접근이 쉽다는 장점도 있었다.

넷째는, 직거래 등의 농산물 유통에는 관심을 두지 말고 우선 농산물 생산에만 집중하여 생산집단이 되자는 것이었다. 청년들이어서 직거래 등 유통에 관심이 많지만, 우선 유통 과정을 지역단체와 긴밀히 결합하여 지역단체 및 조합원(농민)과의 관계를 맺을 수 있도록 하자는 목적도 있었다. 물론, 농업생산집단이지만 교육과 마을활동은 농장의 중요 활동으로 포함했다.

쌈채소 생산을 택한 이유

이를 기초로 홍성유기농영농조합과 협의하여 시설하우스를 임대하고 쌈채소를 생산하는 것으로 결정했다. 홍성유기농영농조합은 조합원 중 2개 농가에서 쌈채소를 생산하고 있었지만, 품목의 다양화를 위해 새로운 품종을 생산할 필요가 있었다. 또한, 쌈채소는 향후 생산 증가가 필요한 품목이지만 기존 농가의 시설 확대가 어렵고 상시적으로 많은 노동력이 들어가기 때문에 가족농 중심인 농가에서는 상시고용 노동력 없이는 생산하기 어려운 작물이다. 이와 더불어 기존 두 농가에서 생산하지 않는 쌈채소 품목을 생산하기로 결정했다. 시설하우스는 적은 규모와 관리기 정도의 간단한 농기계로 생산활동이 가능하다는 점도 있고, 날씨에 상관없이 연중 생산활동이 가능하다는 특징이 있다. 이런 점은 일반 농가들이 시설하우스를 기피하는 이유이기도 하지만, 일상적 노동에 익숙하지 않고 여전히 외부 일이 많은 우리에게는 농업활동을 중심에 둔 생활을 불가피(?)하게 만든다는 면에서 장점이었다. 그리고 스스로는 극복했다고 생각하지만 여전히 남아있는 농업에 대한 낭만적 접근을 차단하자는 목적도 있었다.

채다미농장의 비닐하우스 1동을 임차하다

홍성유기농영농조합 직영농장인 채다미농장의 비닐하우스 6동 중 1동(200평)을 임차하고, 임차료(100만 원)를 포함한 초기 농사 경비는 갓골생태농업연구소에서 지원했다.

2012년 3월부터 본격적인 모종키우기와 땅만들기를 시작했다. 논에 설치한 데다가 관리가 잘 되지 않아 절반은 물에 잠긴 채 잡초만 무성한 하우스를 밭으로 만들어갔다. 지역 쌈채소 농가의 일을 도와주면서 시설하우스 운영에 대한 지식과 재배기술을 배웠다. 이와 함께 주변 밭(노지)을 임대하여 지역에서 재배하지 않았던 양배추와 콜

사진 2 ㅣ 2012년 임차한 채다미농장의 비닐하우스. 논에 설치한 비닐하우스여서 관리되지 않은 척박한 땅에서 농사를 시작했다. 촬영 정민철.

6 지역 쌈채소 재배농가는 60대 후반 부부가 500~600평의 시설하우스를 경작하고 있었기 때문에, 협업농장에 간혹 일하러 오는 사람을 포함하여 계산하면 초기 노동 수준은 보통의 농민에 비해 1/6에 불과했다.

라비도 재배했다. 기본적인 밭작물(감자, 참깨 등)은 조대성 군의 집에 딸린 밭을 이용했다. 물론 그 해 1년은 온갖 종류의 시행착오가 있었고, 남자 3명이 하우스 1동에 쩔쩔매는 모습을 보고 저러다 굶지는 않을까 하는 주변 걱정[6]이 많았다.

젊은사람들이 있다는 이유만으로 주변 농가의 인력 지원 요청도 많았고, 개별적 지역 활동도 여전히 많았지만, 일반 농가와 비교하여 가장 큰 특징은 일하겠다고 오는 사람들이 끊이지 않았다는 점이다. 여름농활 후 농업을 더 해보고 싶다는 휴학생, 안식년 동안 농사일을 해보고 싶어한 교사, 연구를 위해 한국에 온 일본 대학원생, 1년간 한국에 머물던 일본 학생, 마을에 귀촌은 했으나 농사는 짓지 않던 사람, 마을에 사는 대학교 휴학생, 주말에 농사를 한번 해보고 싶다는 변호사 등이었다. 다양한 사람들이[7] 다양한 목적으로 농업과 농촌을 접촉하고 싶어하지만, 개인 농가에서 생활하면서 농사일을 배우는 것은 농가와 배우는 사람 모두에게 부담스러운 것이 현실이다. 이에 반해 협업농장은 처음부터 여러 사람이 함께 일하는 체계로 운영되었기 때문에 그들을 받는 것이 어렵지 않았다. 협업농장과 연결되는 통로 역시 다양[8]했다.

---

7 1주일에서 몇 달 동안 협업농장에서 일을 하고 갔지만, 그 이후에도 끊임없이 연락을 하며 협업농장을 지원했고, 협동조합 설립 단계에서는 조합원으로 참여하면서 생산이 아닌 생산을 둘러싼 다양한 영역에서 지원하는 조합활동을 지속했다.

8 이들 대부분은 홍동면에서 농사 경험을 해볼 목적으로 홍동면의 단체나 농가와 접촉했지만, 조건이 맞지 않아 포기하려는 상황에서 협업농장을 소개받은 경우였다.

9 채다미농장과 현재의 젊은협업농장은 직선 거리로 500m 정도 떨어져 있고 모두 장곡면 도산리 2구에 속하지만 도로와 언덕으로 분리되어 있다. 채다미농장의 위치는 옆 마을인 지정리 2구 생활권에 속한다. 하지만 도산리 2구와 지정리 2구 모두로부터 분리된 공간에 위치하고 있어서 마을 사람들과의 교류는 거의 없는 상황이었다.

큰 변화의 시작, 도산 2리로 농장을 이전하다

협업농장을 시작한 지 6개월을 지나는 시점에서 함께 일할 사람이 예상보다 빨리 나타나고, 세 남자의 농업 경험도 늘어나면서 생산 기반을 확대할 필요성이 생겼다. 하지만 채다미농장은 더 이상 시설 확대가 어려운 상황이었고, 마을 안으로[9] 들어가자는 초기 목적을 실현하기 위해서 다른 곳을 알아보기 시작했다. 그 과정에서 하우스 3동을 임대한다는 소식을 듣고 마을을 몇 차례 둘러보았고, 장소가 적합하다고 판단해서 홍성유기농을 통해 임응철 이장님[10]과 임대차계약을 했다.

채다미농장의 비닐하우스 1동은 지속하면서 10~12월 3개월 간 임대할 하우스를 정리하고, 모종 키울 공간을 만들고, 이중비닐과 배관작업을 해서 수막시설을 설치[11]하여 겨울 작물재배를 준비했다. 임이장님의 도움으로 마을회관 방 하나를 빌려서 오누이센터가 만들어지기 전까지 사무실 겸 포장작업을 하는 공간으로 이용했다.

도산 2리로 이전한 것은 큰 변화의 시작이었다.

첫째는, 마을과 긴밀히 연결된 농장을 만들자는 초기의 생각이 빠르게 실현된 것이다. 협업농장을 계획하는 과정은 홍동면의 풀무학교와 연결되어 함께 진행한 것이라면, 농장을 구체화하는 과정은 장곡면에 있는 홍성유기농영농조합과 연결되는 것이었고, 농장 이전과

---

10 임응철 이장님은 장곡 이장협의회 대표로 홍성유기농영농조합의 이사로 함께 참가하고 있었고, 도산리 2구를 친환경농업단지로 만들어갈 계획을 세우고, 도산리 2구가 포함된 오누이권역 마을 종합개발사업의 추진위원장으로 활동하고 있었다. 하우스를 임대할 시기에는 이런 부분을 몰랐지만, 이후 임응철 이장님은 협업농장의 가장 강력한 실제적 지원자 역할을 담당했고, 협업농장이 빠르게 마을과 결합하면서 마을활동에 참가할 수 있는 통로 역할을 했다.

11 이런 새로운 시설에 투자된 경비는 그해 200평 하우스 1동을 경작하면서 발생한 수입으로 충당되었다. 이러한 지속적 지출로 인해 1년 동안 3명은 인건비를 전혀 가져갈 수 없었다.

사진 3 | 2012년 가을, 젊은협업농장을 현재 위치로 이전하기 위한 준비작업을 했다. 5동 중 3동을 임대하고 관수시설을 설치하기 위해 땅을 파는 모습이다. 주변에 아무것도 없다. 이후 2013년 5월에 협동조합젊은협업농장을 설립하고 군청 보조사업을 통해 옆과 맞은편에 하우스 4동을 더 설치했다. 촬영 정민철.

확대는 장곡면 마을과 결합하는 과정이라고 할 수 있다. 이를 넘어 협업농장이 면사무소, 여타 장곡의 여러 마을과 연결된 것에는 디딤돌 역할을 해준 도산 2리 임응철 이장님의 도움이 컸다. 이를 통해 협업농장이 단지 청년들만의 농업생산단체를 넘어 장곡면 단체로 확장될 수 있었다.

둘째는, 생산기반이 확대되면서 농산물 판매를 촉진하기 위한 여러 논의가 진행되었다. 꾸러미사업에 대한 논의, 직거래에 대한 논의, 유통 부분에서 홍성유기농에 대한 의존 정도 등에 대한 논의가 활발히 이루어졌다. 이것은 젊은협업농장의 향후 성격과 연결되는 논의였다. 논의의 결과, 생산단체이자 지역단체로서의 정체성을 우선적으로 명확히 해야 한다는 점에 합의했다. 지역과의 더 깊은 연대를 위해서는 독자적 유통보다는 홍성유기농(조합원)과의 연계를 통한 유통에 계속 집중하자[12]는 것이었다. 이와 더불어, 청년들이 소비자와 직접 소통할 필요는 있기 때문에 마르쉐 장터와 홍성장날 등에 가서 직접 판매하는 방식은 유지했다. 꾸러미는 좋은 지역농산물과 함께 한정된 기간만 진행하는 것으로 합의했다. 마르쉐장터와 홍성장날[13] 등에서의 직접 판매는 청년들에게 좋은 학습 기회이자 서울 등의 식당과 직거래가 만들어지는 통로가 되었다.

셋째는, 구체적인 면단위 활동을 시작하게 되었다는 점이다. 이는 협업농장이 생산단체로 완전히 자리잡기 전에 마을에서 먼저 요구하는 사항이었다. 생산활동에 비해 지역활동이 너무 많다는 내부 비판에도 불구하고, 도산리 2구로 이전하면서 지역활동은 더 확대되었다. 특히 도산리 2구, 지정리 1·2구, 신동리로 구성된 오누이권역[14] 사업계획의 수립과 진행에 협업농장이 직간접적으로 참여하게 된 것, 그리고 홍성유기농영농조합과 장기 계획으로 논의하고 있던 마을식당

---

12 현실적으로 쉬운 결정은 아니었다. 2012년 농장에서 생산한 쌈채소 판매는 매우 어려웠다. 새로운 품목을 재배했기 때문에 판매가 원활하게 이루어지지 않아 생산한 채소를 버리거나, 홍성한우 홍동점에서 쌈채소와 돼지고기를 교환하기도 했다. 시설이 확대되어 생산량이 증가하는 상황에서 판매에 대한 고민은 깊어질 수밖에 없었다. 또한 청년들이 해보고 싶어한 꾸러미 등 새로운 유통 방법에 대해 고민을 집중하게 되면, 유기재배에 대한 노력보다 유통과 관련된 활동이 확대될 수밖에 없다. 그러면 주변 농가와 연계된 마을단체라는 성격보다 독자적으로 생산하고 판매하는 기존의 생산성 위주의 전문농장으로 흘러갈 가능성이 높다. 현재 홍성군의 홍보자료에는 주요 생산품목으로 쌈채소가 새로 포함되었다.

13 마르쉐장터 등에 참가하는 것은 1차 농산물의 판매와 장터의 성격이 맞지 않는다는 판단이 있어 2015년부터 중단되었지만 그때 연결된 식당과는 여전히 연결되어 있다. 젊은협업농장이 시작한 꾸러미 유통은 2016년부터 오누이친환경마을협동조합이 넘겨받아 2018년까지 진행했다.

14 오누이권역종합개발사업을 말한다. '오누이'는 '오디, 누에, 냉이'를 합친 말이며 마을에서 주로 하던 농업 활동이다. 이 사업은 2013~2017년에 진행했다. 이 사업의 결과로 현재의 오누이센터와 사무실, 한옥게스트하우스, 그리고 이를 운영하는 오누이친환경마을협동조합이 만들어졌다. 이 사업을 통해 만들어진 공간을 통해 이후 활동이 더욱 활발해지고 다양해진다.

사업이 빠르게 진행되었다. 생미식당[15], 생미장터 등의 새로운 시도에 협업농장(조합원)이 주도적으로 참여하게 되었다. 협업농장 청년의 점심을 해결하자는 목적으로 홍성유기농에 마을식당사업을 제안했고, 참여자들은 모두 젊은협업농장 조합원이었다. 홍성유기농 조합원에게 출자를 독려했지만 참여자는 5명에 불과했다.

넷째는, 생산단체이지만 청년들을 대상으로 농업과 농촌을 교육하는 단체가 될 수 있다는 가능성이 보였다. 장곡면은 60대 이상의 고령화율이 39%에 가까워 전국 면단위 평균인 35%보다 높고, 홍동면보다 10% 가까이 높은 특징(2010년 자료)이 있다. 더군다나 산이 많은 지형적 특징 때문에 작은 마을들(32개 리)로 분산되어 있어서, 홍동면(13개 리)보다 더 많은 청년들이 마을에 남거나 유입되어야 하는 상황이다. 젊은협업농장에 농사를 배우러 오는 사람들은 다양한 능력을 가지고 있다. 이들이 농업과 농촌에 대한 교육을 통해 마을을 이해하고 자신의 개인적 능력을 마을에서 풀어낼 수 있다면, 마을의 미래를 위한 중요한 역할을 할 것이라고 판단했다. 이들 중에는 농업을 선택하는 사람도 있겠지만, 지역단체에 취업하거나 새로운 단체를 만들 수

---

[15] 2013년 농장 이전 후 농장 청년들의 점심식사는 홍성유기농영농조합 구내직원식당에서 이루어졌다. 두 단체를 합쳐 약 20여 명이 매일 점심을 먹으면서 협동조합형 마을식당의 필요성에 대해 몇 차례 논의했다. 홍성유기농영농조합은 남은 농산물을 소비할 곳이 필요했고, 젊은협업농장은 안정적으로 점심을 먹을 곳이 필요했다. ㈜방가네식당을 임차할 사람을 찾는다는 소식에 마을식당에 대한 논의가 급히 진행되었고, 임응철, 김경숙, 정민철, 홍성유기농영농조합, 식당운영자가 홍성유기농영농조합에 특별출자를 하는 방식으로 예전 마을 이름을 붙인 '생미식당'을 열었고, 2013~2018년까지 운영했다. 많은 마을 사람들이 이용하여 마을식당의 필요성이 확인되었고 로컬푸드형 생미밥상 등의 운영방식으로 많은 관심을 받았다. 식당이 활성화되면서 옆 공간에 '생미장터'라는 로컬푸드 매장과 이후 '띠앗'이라는 판매점이 들어오면서 장곡면의 새로운 거점으로 확장되었다. 하지만 임차료의 상승과 높은 운영경비로 인해 2018년 2월에 문을 닫게 되었다. 2018년 3월부터 젊은협업농장과 홍성유기농영농조합은 도산 2리에 있는 행복부엌(협동조합행복농장의 농업체험시설)에서 점심식당을 공동으로 운영 중이다. 여전히 협동조합형 마을식당에 대한 논의는 계속되고 있다.

도 있을 것이다. 그들은 이런 다양한 활동을 통해 농업을 지원할 것이고, 이런 과정을 통해 농업·농촌이 그 본래의 모습을 유지하면서 점점 완결된 모습을 만들어갈 수 있을 것이다. 생산단체인 젊은협업농장이 이런 사람들에게 조금이라도 마을과 농업을 이해시키는 통로 역할을 할 수도 있겠다는 판단은, 사진·영상·음악 분야의 전문가들이 농장과 결합하는 새로운 과정을 통해 조금씩 확인되고 있었다. 특히 충남광역정신(건강)증진센터[16]의 자활사업으로 준비하던 행복농장 사업을 위해 젊은협업농장을 방문한 센터 직원들과 정신장애인을 위한 농장을 계획하고 함께 준비하는 과정에서, 사회복지학을 공부하고 협업농장에서 농사를 배운 청년이 실무책임자로서 중심 역할을 하며 참여하는 모습을 확인[17]하면서 그 가능성이 더욱 높아졌다.

　　　　다섯째는 면들 사이의 연계활동 가능성이 보였다는 것이다. 풀무학교 고등부 3학년 학생을 대상으로 농업 진로를 탐색하는 프로그램을 진행하면서, 청년들의 농업·농촌 진로를 탐색하는 농촌 마을의 현장교육기관[18]으로서 협업농장의 역할이 나타났다. 물론, 이 역할

---

[16] 현재의 이름은 충남광역정신건강복지센터이다. 센터 직원들은 정신장애인을 돌보는 전문가였지만 농업에 대해 전혀 모르는 상황에서 정신장애인들이 운영하는 농장을 만들자는 계획을 세우고 젊은협업농장에 문의를 했다. 자살예방프로그램을 진행하면서 충남광역정신건강복지센터는 장곡면과 이전부터 인연을 맺고 있었다. 채다미농장 시설하우스 3동을 임대하여 충남광역정신건강복지센터 산하 행복농장을 2013년에 시작했다. 2015년에 현재의 공간으로 이전하면서 협동조합으로 독립하여 현재에 이르고 있다.

[17] 실무책임자로 농업과 사회복지를 모두 알고 있는 사람이 필요했다. 사회복지학을 공부하고 농장에서 일하던 김수인 양이 충남광역정신건강증진센터의 직원으로 고용되는 형식으로 농장 일과 프로그램 진행을 전담했다. 만약에 사회복지학을 공부하고 젊은협업농장에서 농사를 배운 청년이 없었다면 정신장애인을 위한 농장을 만들어가는 과정에서 발생한 그 많은 우여곡절과 논쟁에 젊은협업농장이 적극적으로 참여했을까 하는 의문은 있다. 이 경우는 젊은협업농장에서 농사를 배우고 농장을 만들어 마을로 나간 첫 사례이기도 하고, 농업의 새로운 모습을 보여준 대표적 사례이기도 하다. 이후 결혼과 출산으로 김수인 양은 사무 업무를 보게 되었고, 농장 법인화와 함께 현재 운영자를 중심으로 독자적 운영체계가 만들어졌다.

은 협업농장을 처음 시작한 목적(농업학교 실습교육을 위한 현장 실습 농장)이기도 했다. 이는 풀무학교가 있는 홍동면과 젊은협업농장이 있는 장곡면이 연결되는 과정이라 할 수 있다. 풀무학교에게는 이전에는 홍동면에 한정되었던 활동영역(이전에는 홍동면 단체와 프로그램을 진행)을 다른 면들로까지 넓혀가는 계기가 되었고, 장곡면에 있는 젊은협업농장에게는 홍동면의 청년들과 연결되는 계기였다. 이런 연결을 통해 고등부를 졸업하는 청년이 젊은협업농장으로 오기 시작했다. 그리고 견학 공간이 확장되었다. 홍동면 팔괘리의 풀무학교, 문당리의 환경농업교육관, 금평리에 있는 풀무생협, 그리고 운월리에 있는 풀무학교 전공부는 이전부터 많은 방문객이 있었다. 재생가능에너지, 마을만들기, 유기농업, 대안교육, 사회적기업, 협동조합, 마을교육공동체 등 여러 주제로, 연구·견학·연수 등 여러 방식으로 방문하고 있었다. 2010년 이후에는 운월리 갓골 주변 공간을 중심으로 많은 견학이 이루어지고 있었다. 이후 홍동면의 다양한 활동을 견학하러 온 사람들이 장곡까지 견학 공간을 확장하기 시작했다. 이는 연구자나 방문객들에게 장곡과 홍동이 연결되어 있다는 생각[19]을 가지게 했다. 앞에서 말한 대로, 장곡면에 있는 홍동저수지는 홍동면 친환경농업을 유지하는 데 핵심 역할을 하지만 이를 가능하게 하는 것은 장곡면의 활동이라는 점에서, 삽교천을 공유하는 면들 사이의 연대는 그 필요성이 향후 더욱 증가[20]

18 이는 2012년 11월 전공부를 창업하는 곽재규 군과 고등부를 졸업하고 대학원 수료 후 광천에서 생활하고 있던 정영환 군이 협업농장에 결합하면서 기본적인 모습이 보였다. 하지만 개인적 관계가 아니라 마을에 있는 교육기관과 마을의 농장이 함께 진로교육과 마을교육을 시도한 사례라고 할 수 있다. 2013년부터 시작하여 여전히 진행되고 있는 프로그램(농진로캠프)이다.
19 이런 이유로 젊은협업농장이 홍동면에 있는 것으로 기록된 자료들이 많이 있다. 이는 기존 홍동면의 다양한 활동 중의 하나로 젊은협업농장이 보이기 때문이다. 그런 면도 있지만, 협동조합젊은협업농장은 장곡면에 있는 장곡면의 활동이라는 점을 강조한다.

할 수밖에 없다. 이를 위한 기초 단계의 활동이 시작된 것이다.

여섯째는 도농교류와 마을 학생들의 마을학습 가능성이 협업농장을 통해 보이고 있다. 홍동면과 비교하여 학생이 급격하게 감소하고 있는 장곡면 학교와 연계한 마을교육이 그 하나이다. 장곡초등학교의 필요과 젊은협업농장 사람들의 다양한 재능이 연결된다면 마을의 농장과 마을의 학교가 결합하는 마을교육모델[21]이 나타날 수도 있을 것이라고 생각한다. 이와 함께 농장에서 일하는 청년들을 위한 마을교육, 도시 청년을 위한 농촌농업교육 등 마을과 농업을 기반으로 하는 다양한 교육의 가능성이 나타나고 있다. 농산물을 생산하는 기능만으로 축소된 농업의 가치와 농촌은 단지 농업을 행하는 사람들이 모여 있는 곳에 불과하다는 고정관념을 벗어나, 교육이라는 새로운 가치를 보여주는 기회가 될 수도 있을 것이다.

홍동면은 주민의 독자적 활동에 의해 농촌 마을만들기가 느리지만 충실하게 이루어지면서 나중에 관이 함께할 수 있었다. 장곡면은 주민활동에 대한 관의 관심과 연대가 빠르게 이루어지며 활동이 확장되면서 면단위 민관 거버넌스의 가능성[22]도 보였다. 이런 가능성과

---

[20] 이는 2019년에 시작한 농림부의 농업환경보전프로그램으로 현실화되었다. 이 사업은 장곡면의 도산 2구와 홍동면의 문당리가 공동으로 진행하며 삽교천과 홍동저수지 수질을 비롯해서 환경개선을 위한 다양한 활동을 진행하는 것이다. 이와 더불어 평민마을학교와 마을학회 일소공도 등의 활동을 통해 그 공유 영역이 확장되었다.

[21] 2016년에 장곡신나는아동센터 학생들과 함께한 논학교, 2017년 장곡초등학교와 진행한 꼬마농부프로젝트, 그리고 2018년부터 지속되고 있는 장곡마을학교로 이어지고 있다. 이러한 마을교육공동체 활동은 홍성군이 2018년부터 시행한 행복교육지구사업의 중요 모델이 되었다.

[22] 이 부분은 장점이자 단점이라 할 수 있다. 면의 활동을 할 때 관과 함께 사업을 진행함으로써 마을 내 효과가 넓게 나타날 수도 있지만, 관의 속도에 맞추다 보면 내용보다 형식에 맞게 되고, 실제보다 부풀려지면서, 내부 역량보다 정치적 차원에서 어려움이 발생할 소지가 매우 높다. 이것은 조합원들의 지속적인 견제가 필요한 부분이다.

전망을 바탕으로, 다시 몇 개의 리에 한정된 오누이권역마을종합개발사업을 장곡면 전체를 고려한 사업으로 확장 진행할 것을 제안할 수 있었다. 이것은 도산리 2구의 작은 농장 하나의 등장과 도산리 2구를 비롯한 4개 리를 대상으로 한 권역센터의 설립이, 단지 사업 대상 마을만이 아니라 향후 장곡면의 새로운 활동을 시작하는 시작점이 될 수도 있다는 가능성을 보여준 것이다.

사진 4 | 민택기 사진작가가 2013년 6월 쌈채소 사진을 찍어달라는 요청(세 번째 요청에 응답)을 받고 새벽에 농장으로 나오기 시작했다. 그러다가 단체사진을 찍자고 제안해서 이 사진을 찍었다. 이후 매년 5~6월 경에는 단체사진을 정기적으로 찍고 있다. 이 사진은 그 가운데 가장 많이 알려졌다. 집에서 일하려다 끌려나와 지금도 협업농장에서 일하는 정영환, 행복농장을 시작했고 지금은 충남광역정신건강복지센터에서 일하는 김수인, 홍성군학교급식센터에서 일하는 김성환, 홍동면에서 월천농장을 만들어가는 조대성, 도산 2리에 집 짓고 젊은협업농장에서 일하는 유모아, 도산 2리에 집을 구해 아이들과 함께 지내며 마을에서 일하는 이은성, 장곡면에서 농사짓는 손형민, 젊은협업농장 이름을 빌려 젊은협업필름이라는 영화사를 만든 홍용호, 강릉에서 여전히 학교 선생을 하고 있는 김진명. 이곳에 모인 이유도 각양각색이고 일한 기간과 시간도 모두 다르다. 공통점은 농사일을 경험하기 위해 젊은협업농장으로 왔다는 점이다. 작물 상태를 보면 그때도 농사는 잘하지 못한 듯하다. 현재는 하우스 입구 주변에 자갈을 펴서 운동화로 다닐 수 있지만, 그 시기에는 장화가 없으면 활동이 불가능해서 연말에는 장화를 선물했다. 촬영 민택기(2013. 5).

일하는 노자 4

풍류에서 살기

비보풍수裨補風水와
도시재생 urban rehabilitation

함성호 | 건축가, 시인

풍風이란 무엇인가?

풍류風流의 사회적 목적은 접화군생接化群生에 있다. 접화군생은 절로절로(中)를 타고 '때와 곳(節)'에, 필요한 곳에, 어울리는 때에 정확히 맞아 들어가는 화和를 바탕으로 가락과 도의가 둘이 아닌 하나인 지점에서 절로 드러난다. 따라서 풍류風流라는 이름에서 풍風과 류流는 따로 각각의 뜻을 가지는 게 아니고, 하나같이 흐름이고, 길이고, 도道다. 그런데 우리는 이 '풍'의 뜻에 대해서 좀 더 짚고 가야 한다. 사실 그렇게까지 생각할 것은 없는데도 우리는 '풍風'이란 글자에서 '바람끼', '방탕함', '비도덕적'이라는 생각을 이어서 떠올린다. 사실 맞는 말이다. '유오산수遊娛山水'의 디오니소스적 축제는 다른 사람에게는 완전히 그렇게 보일 것이다. 따라서 풍風이란 글자의 뜻도 풍도風道, 풍류風流가 쇠퇴함에 따라 '놀기 좋아하는 사람', '잘 노는 사람'[1]이라는 뜻만 남아 있게 되었다.

그렇다면 동아시아 문명에서 '풍風'은 어떻게 알려져 있을까? 먼저 갑골문을 보자.

다음의 글씨는 동쭈오삔董作賓[2]의 서예작품으로 갑골문에서 '풍風'을 뜻한다. 상형문자의 최대의 고민은 역시, 눈에 보이지 않지만 존재

---

[1] 우리말에서 '놀다'는 노동하지 않는다는 말이 아니다. 오랜 농경생활을 해온 우리에게 노동과 놀이는 하나다. 노동과 놀이가 하나라는 말은 그 노동에서 가락을 탈 줄 알게 되었다는 말과 같다. 어쩌면 우리에게 노동이라는 개념은 없는지도 모른다. 왜냐하면 '일하다'라고 할 때의 '일'은 이미 노동과 가락이 한 몸이 되었다는 뜻이기 때문이다. '~을 일삼다'라고 할 때, 이미 그것은 노동이 아니라 일/가락이다. 이미 목적을 잃어버린 상태에서(無爲) 그것을 하는 것이다.

[2] 동쭈오삔은 허난 출신으로 갑골문 발굴을 이끌었고, 갑골문 연구의 중요한 이정표가 된 각 왕조별 시기구분을 완성한 학자다. 발굴된 갑골문을 베끼면서 익힌 그의 서예는 예술적 경지에 오른 것으로 평가된다.

하는 대상을 어떻게 표현하느냐는 것이었다.[3] 바람도 그 중의 하나였다. 아마도 고대에 이 글자가 만들어질 즈음에 사람들은 바람은 어떻게 생겨나는지 그 처음을 궁금해했던 것 같다. 바람은 기압의 차이로 만들어진다는 현대의 과학적 사실이 이 질문에 대한 적절한 답이 될 수 있을까? 그럼, 기압의 차이는 왜 생기냐는 질문으로 시작해 끝없는 질문이 생길 것이다. 고대인들은 그 대답을 신화에서 찾았다. 커다란 붕새의 날갯짓으로 바람이 생긴다고 생각했다. 그 붕새는 이 세상의 어딘가에 있다고 보았다. 그래서 바람을 뜻하는 갑골문은 봉황을 뜻하는 봉鳳으로 쓰였다. 때로는 발음을 표시하기 위해 凡

[3] 상형문자들은 대부분 비슷한 고민들에 따르는 몇 가지 원리를 가지고 있다. 한자는 그것을 '육서六書'라고 하는데 글자를 만드는 조자造字의 원리로 상형象形, 지사指事, 회의會意, 형성形聲이 있고, 활용하는 운용運用의 원리로 전주轉注, 가차假借가 있다. ①먼저 대상의 모양을 본뜨는 상형象形이 있다(해 모양; 日, 달 모양; 月, 나무 모양; 木, 사람 모양; 人). ②지사指事가 있다. 지사의 뜻은 시간 속에서 어떤 특정한 때事를 가리킨다(指)는 것이다. 상형象形의 한계를 극복하는 방법으로 무형無形의 추상 개념을 상징적 부호符號로 표시하여 일종의 약속으로 사용한 글자들이다(기준선 위라는 표시; 上, 아래라는 표시; 下, 나무의 밑 부분 표시; 本, 나무의 끝 부분 표시; 末). ③'뜻(意)을 모은다(會)'는 회의會意는 두 개 이상의 상형자象形字나 지사자指事字를 합하여, 그 의미와 의미를 결합해 새로운 의미를 만들어내는 방식의 글자다(나무들이 모여 이룬 숲; 林, 사람의 말을 중요하게 생각하는 믿음; 信, 하늘의 해와 달은 밝아서; 明, 사람이 나무 밑에서 쉬다; 休). ④형성形聲은 모양(形; 의미 부분)과 소리(聲; 발음 부분)로 나누어진 글자를 말한다(맑은 물의 의미에 소리를 표시하는 청; 淸, 옥구슬의 의미에 소리를 표시하는 민; 珉). 이 네 가지, 상형·지사·회의·형성이 조자의 원리고, 운용의 원리로는 전주와 가차가 있다. ①전주轉注는, 굴러서 바뀌거나(轉) 변화되어 달라지다(注)는 의미로, 본래의 의미에서 변화되어 달라지는 개념을 갖게 되는 것이다. '늙다'는 의미로 서로 통용되던 '老'와 '考'는 나중에 그 의미가 달라져 고考는 '과거부터 따져 생각한다'는 뜻으로 변화한다. 전주轉注의 개념은 새로운 글자를 만드는 원리가 아니라 기존의 글자를 의미 변화로 활용하는 원리다. ②마지막으로 가차假借는 빌려 쓰다(假借)는 의미로 기본적으로 발음이 같은 개념을 빌려 쓰거나, 글자 모양을 빌리는 방법이다(아시아의 음역 '亞細亞', 의젓하고 버젓한 모양의 의미 '堂堂').

(무릇 범)을 첨가하기도 했는데, 범凡은 돛을 상형한 것이다. 바람을 나타내는 글자에 凡이 더해진 것은 돛단배를 움직이는 바람의 중요성을 강조한 것이다. 그래서 소전체小篆體에서는 鳳의 鳥(새 조)를 虫(벌레 충)으로 바꾸어 風으로 분화시켰다. 고대인들의 분류체계에서 새, 물고기, 곤충, 짐승 등은 모두 같은 부류(虫)로 묶였다.

    큰 새의 날갯짓에서 바람이 생겼다고 그 기원을 설명했던 시대와 새, 물고기, 곤충, 짐승을 모두 바람과 연관해 강조했던 시대의 차이는 뭘까? 소전小篆은 진시황이 서주西周 이래 춘추전국시대에 널리 쓰이던 주문籒文을 다듬어서 전국에 보급한 서체다. 이전에 쓰던 주문에서 간략해진 것도 있지만 반대로 뜻과 소리를 더 명확히 하기 위해 글자가 교체되거나, 획이 더해진 것도 있다. 간략해진 것은 기능적인 측면에서 쓰기 편하고 의미나 소리의 중복을 막기 위함이었을 테다. 글자나 획이 더해진 것은 뜻이나 소리를 명확히 하기 위한 것으로, 여기에서는 대상에 대한 인식의 변화가 반드시 따랐을 것이다. 봉鳳에서 새 조鳥가 떨어져 나가고 대신에 벌레 충虫이 들어온 것은 바람과 관련해 보다 명확히 해야 할만한 인식의 변화가 있었고, 거기에 부합하는 개념의 강화가 필요했을 것이다. 진시황 이전, 소전체로 문자를 통일하기 이전 어느 때인지는 정확히 알 수 없지만 세상의 뭇 생명들(虫)과 바람(凡; 돛대)을 연관시켜서 생각하는 중요한 사유가 나타났다. 곤충을 뜻하는 충虫은 갑골문에서 세모꼴의 머리에 긴 몸통을 가진 뱀을 그린 것이다. 그래서 이 글자는 파충류와 곤충, 나아가 기어다니거나 날아다니거나 털이 있거나 없는, 딱지나 비늘을 가진 모든 생물을 지칭하게 되었다.[4] 바람과 생명을 연결하는 사유가 나타난 것이다.

    이즈음에서 뭇 생명들과 나를 한 몸으로 여기는 접화군생接化群生을 목적으로 하는 풍류風流의 길이 천하에 널리 퍼지게 된다. 이미 이

때에 말하는 바람風은 큰 새가 날갯짓을 해서 생기는 바람이 아니었다. 당시의 바람의 개념을 알 수는 없지만 그 후 위진남북조시대의 곽박郭璞의 정의에서 그 내용을 미루어 짐작할 수 있다.

> 매장이란 숨기는 것이자, 생기를 더하는 것이다. 음양의 기운이 나와 바람이 되니 이를 생기라 하며, 생기가 땅 위를 움직이며 만물이 생겨나게 한다.
> 葬者 藏也 乘生氣也 夫陰陽之氣 噫而爲風 謂之生氣 生氣行乎地中 發而生乎萬物.[5]

여기서 바람은 큰 새의 날갯짓으로 생기는 것이 아니라, 흙의 기운이다. 만물은 바로 이 흙의 기운인 바람에 의해서 생겨난다. 그래서 비로소 뭇 생명들(虫)과 바람(凡; 돛대)의 연관성을 설명하기 위해 봉鳳에서 풍風이 따로 독립하게 되는 것이다.

풍수風水

바람의 개념이 바뀌는 그즈음에 생겨났을 물에 관한 가장 주목할 만한 메시지가 바로 태일생수太一生水다. 1993년에 곽점의 초묘에서 나온 죽간본에는 태일이 물을 낳고 물이 다시 태일을 도와서 하늘을 낳고, 하늘이 다시 태일을 도와서 땅을 낳고, 천지만물을 낳는 우주론이 펼쳐진다. 물을 만물의 시원으로 보는 이 물의 철학이 성립되면서 인간

---

4 하영삼, 〈한자 뿌리읽기〉, 《동아일보》 2005. 8. 19.
5 곽박郭璞, 『장서藏書』.

이 살아가는 데 필요한 두 가지 요소, 즉 바람과 물에 대한 사유가 정립된다. 그것이 풍수風水다. 풍수는 한마디로 인간이 살만한 터를 잡는 일이다. 수천 년간 풍수는 복잡한 이론으로 발전했지만 풍수의 궁극적인 목적은 인간과 자연의 조화다. 그래서 풍수의 처음이 어디에서 시작되었는지를 따지는 것은 의미가 없다. 사람이 사는 곳을 결정할 때는 그곳이 자신에게 이로운지 해로운지를 재보는 것은 너무나 당연하다. (풍수지리에 문외한인 선교사들이 한국에 들어와 잡은 터를 보면 어느 정도 풍수의 원리와 잘 들어맞는다.) 다만 오늘날 우리에게 알려진 풍수의 이론이 어디서 정립되었는가를 묻는다면 그것은 중국이라고 말할 수 있다. 오클랜드대학교의 윤홍기 교수는 중국의 황토고원지대를 풍수지리설의 기원으로 보고 있다. 그 근거로 그는 음양오행에서 왜 토土의 황색이 중앙을 상징하는지를 밝힌다.

풍수론에 있어서는 명당 특히 혈(집터나 묘터)이 콩가루를 빻아 놓은 것과 같은 누런 흙으로 되어 있으면 최상의 길지로 친다. 이러한 풍수 원리는 바로 풍수가 고대 중국인이 황토 고원에서 좋은 거주지, 특히 차가운 서북풍을 막아주는 양지바른 곳에 따뜻하게 자리 잡은 황토 굴집을 만드는 기술에서 출발했음을 강하게 시사하고 있다고 짐작된다.[6]

또한 풍수는 양택에서 시작되어 그것이 음택까지 이어졌다는 것을 역시 황토고원 지대의 굴집으로 설명하고 있다. 풍수지리에서 얘기하는 명당의 조건인 혈자리가 황토고원 지대의 굴집에서 연원한다는 것이다.

---

6 윤홍기, 「풍수지리설의 기원과 전파에 대한 예비 고찰」,
   http://blog.daum.net/windada11/8767412.

혈穴이라는 글자는 토굴 또는 토실(土室: 굴집), 즉 흙으로 된 동굴 거주 공간이라는 뜻이다. 왜 길지를 동굴 또는 굴집이라고 했을까? 이는 단적으로 길지의 개념이 양택에서 시작되었다는 것을 말해주고 있다고 볼 수 있다. 중국 북부 황토지대의 사람들이 선사시대부터 굴집에서 살았다는 것은 잘 알려진 사실이다. 그렇다면 옛날 황토지대 굴집 거주자에게는 길지를 찾는다는 말은 바로 이상적인 굴집터를 찾는 것이었다는 말이 되는 셈이다. 이것이 바로 풍수에서 길지를 찾는다는 말로 굳어졌으며 똑같은 개념이 죽은 사람의 사는 곳인 무덤의 위치를 선정하는 데에도 그대로 적용되었다고 보이는 것이다. 그래서 음택과 양택은 기본 개념과 그 혈을 찾는 원리가 똑같은 것이고, 지금도 무덤이나 집터가 될 길지를 찾는 것을 혈을 찾는다고 하는 것으로 굳어졌다고 본다.[7]

황토고원은 약 120만 년 전인 제4기 빙하시대 이래 몽고 사막과 타클라마칸 사막 등에서 편서풍에 실려 온 황색 모래가 퇴적하면서 형성된 지대다. 현재 황토가 쌓인 두께는 약 100미터에서 200미터 정도로 알려져 있다. 이 지역의 강수는 주로 여름에 집중하고 많은 복잡한 구릉을 형성하고 있다. 굴집(窯洞; 요동)은 하남, 하북, 산서, 섬서, 감숙 등지에 분포한다. 이 지역에 굴집이 많은 것은 춘추시대부터 전쟁을 피해 온 유민들이 이 지역의 황토지질의 장점, 즉 파기 쉽고, 돈이 안 들고, 겨울에는 따뜻하고 여름에는 시원한 장점을 살려 만들기 시작했다는 게 정설이다. 그 후 명·청시대의 전쟁기에 목재 남벌로 산림이 황폐해지자 이 오지로 유민들이 대거 흡수되어 대규모의 굴집들이 생겨

---

[7] 윤홍기, 앞의 논문.

났다. 굴집의 형식은 크게 세 가지로 나누어볼 수 있다.

첫째, 고산식靠山式 굴집으로 구축방식은 지상식 요동을 제외하면 총 2가지가 있다. 하나는 '기본형', 또 하나는 '접구석요接口石窯'이다. 먼저 기본형은 절벽에 굴을 파고 횡혈을 만들어 내부를 다듬고 진흙을 발라 마무리하고 입구에 목재로 문과 창문을 만들면 완성된다. 하지만, 이 기본형은 빗물로 인해 토사의 강도가 약해져 동굴 전체가 무너지는 치명적인 단점을 가지고 있다. 그래서 기본형의 단점을 보완하고자 만들어진 것이 바로 '접구석요接口石窯'이다. '접구석요'란 돌을 절단하여 아치arch 모양의 틀을 만들어 그 틀로 입구 주위를 단단하게 만드는 방식이다. 기본형보다 창문이 더 커질 수 있는 장점이 있어서 환기와 채광에 유리해 섬서성의 연안延安 등, 근처의 산에 돌이 많은 지역에서 '접구석요'가 주로 사용된다. 둘째, 지상식地上式 굴집은 절벽을 파내서 그 일부나 전부를 지상에 드러내는 방식이다. 셋째, 하침식 굴집이다. 하침식 굴집은 사각형 모양의 구덩이를 파고 그 구덩이 내에 횡혈(동굴)을 만든다. 이 유형은 지면과 중정 사이의 단차의 정도에 따라 완전 하침형, 반하침형, 평지형으로 나뉜다. 특히 하나의 주거공간에 여러 가족이 거주하는 경우 유용한 방식이며 이 하침식 평면은 나중에 북경의 사합원 주택의 평면과도 깊은 연관성이 있어 보인다.

혈穴이란 글자는 특히 고산식 굴집에서 경사지를 부분적으로 절개하고 나면 집의 정면 좌우에 남는 경사지(八)를 상형한 것이다. 이와 같은 논지로 보자면 중국의 풍수지리가 황토고원 지대의 굴집에서 기원했다는 주장은 강한 설득력이 있어 보인다. 중국의 풍수지리는 여기에서 더 나아가 다양한 풍수 유파를 낳았다. 청대의 조익趙翼은 그 당시의 풍수 유파를 간단히 두 개의 유파로 정리했다.

후세에 풍수술은 두 갈래로 나뉘었다. (중략) 하나는 강서지법으로 감주 양균송, 증문적, 회대유 등이 시작하여 후대에 전한 것으로, 주로 형세에 대해 논하며, 그로부터 시작하고 끝남으로써 방향과 위치를 정하고, 용·혈·사·물 사이의 어울림을 가리킨다. 다른 하나는 옥택지법으로 민閩 지방에서 시작하여 송대 왕급 시기에 크게 유행했으며, 점성술에서 비롯되어 양산양향陽山陽向, 음산음향陰山陰向이라 여기고, 오성팔괘五星八卦를 취하여 생극生克의 이치를 정한다.[8]

즉, 강서 지방의 풍수는 주로 산이 달려오는 형세와 그 혈을 잡고 주변의 산세와 물을 중시하여 인간과 자연의 조화를 주로 물리적인 토대에서 해결하는 반면, 민 지방의 풍수이론은 음양과 오행의 이론을 바탕으로 살만한 땅을 꾀하고 있다는 말이다. 그렇다면 여기서 풍수의 가장 기본적인 방법을 한번 살펴보지 않을 수 없다. 풍수를 살피는 방법은 대체로 형법形法, 이법理法, 그리고 증혈법證穴法이라는 3단계로 나뉜다.

먼저 풍수 형법形法에는 '세'와 '형'이 있는데 이를 합쳐 형세形勢라 하고, '형'과 '세'를 살피는 방법을 '형법'이라 한다.[9] 『장서』에서는 산맥의 운동과 변화를 "흐르는 물결과 같고, 달리는 말과 같다(若水之波,

---

[8] 後世爲其術者分爲二宗……一日江西之法 肇於贛州楊筠松 曾文迪 會大有 謝予逸輩 其爲說主於形勢 原其所起 旣其所止 以定向位 專指龍穴砂水之相配 一日屋宅之法 始於閩中 至宋王伋乃大行其說 生於星卦 陽山陽向 陰山陰向 純取五星八卦 以定生克之理.—『해여총고陔餘叢考』

[9] 이하의 형법, 이법, 증혈법에 대해서는 청지엔쥔程建軍의 『중국 감주贛州 옥척당玉尺堂의 풍수이론과 실천에 관한 연구』를 참고했다. http://blog.daum.net/_blog/BlogTypeView.do?blogid=0cl57&articleno=16316&categoryId=0&regdt=20161005012202.

若馬之馳)"라고 하며, 물의 운동과 변화에 대해서는 "급하게 흐르면 안 된다", "나를 돌아보고 머무르고 싶어야 한다"라고 덧붙였다. 이처럼 '세'라고 하는 것은 사물이 움직이고 변화하는 힘, 그 힘이 변화하면서 드러나는 형태를 일컫는다.

'형形'이라 함은 사물의 형상과 모습을 말한다. '형'은 '세'의 운동과 변화가 중지되었을 때 생기生氣가 나타나는 모습을 비유적으로 표현하는 방법이다. 중국의 풍수에서 용맥이 '엎드린 날짐승(禽伏)', '벌의 허리처럼 잘록하고 학의 무릎처럼 매듭 진 모양' 같다고 하는 표현은 상징이나 비유이다. 물에 대해서는 '지현굴곡之玄屈曲', '유양청절悠揚淸切', '산환수포山環水抱'라고 하는데, 이 모든 것이 "형"을 말하는 것이다. 다시 말해 '형'이라는 것은 사물의 정적인 움직임을 말한다. 형법의 범위에는 다시, 용법·혈법·사법·수법 등 4가지 직관법이 있다.

용법과 혈법은 만물을 만들어내는 생기를 찾는 방법이다. 혈법은 곧 점혈點穴로써 혈장穴場을 찾는 것이다. 일반적으로 심용점혈尋龍點穴 즉, "용龍을 찾아 점혈한다"고 하지만 실제로 용을 먼저 찾고 점혈을 하는 것은 실제 작업 순서에 맞지 않다. 따라서 먼저 수구점혈이나 명당점혈을 한 후, 다시 용을 찾아 증혈證穴해야만 최상의 혈장인지를 결정할 수 있다. 곽박은 『장서』에서 "산에 장사를 지내는 법은, 득수得水를 먼저하고 장풍藏風은 그 다음이다"라고 말했다. 수법은 수룡수隨龍水, 즉 용수가 만나는 곳을 살피며 명당수明堂水의 방향과 형태를 관찰하여 수질과 수구水口의 위치 및 관쇄關鎖, 즉 물이 나가는 곳이 어떻게 빗장을 지르고 있는지 보는 것이다. 이상적인 혈장은 먼저 수구水口의 형태에 따라 결정된다. 수구가 바로 명당의 기운이 모인 관쇄關鎖이기 때문이다. 형법은 풍수에서 생기를 파악하는 첫 번째 단계다.

이법理法은 풍수 관찰의 두 번째 단계이다. 이법은 동아시아 의학에서 말하는 인체의 내기內氣를 조절하는 것을 의미한다. 즉 기가 역행하면 내려주고 기가 허하면 보補해준다. 형법形法이 육안으로 바라보는 감성적인 인식이라면, 이법理法은 형법에 의해 파악된 자료를 분석·연구·처리하는 이성적 인식방법이다.

소납증혈법消納證穴法에는 소사납수消砂納水와 내룡증혈來龍證穴의 방법이 있다. 이는 풍수를 살피는 제3단계인 생기를 처리하고 이용하는 단계다. 소사납수는 외기外氣를 측정하면서 취하는 작업이다. 소사납수는 『장서』에서 말하는 "흙은 기氣의 모체이며, 흙이 있는 곳에 기가 있다. 기는 물의 모체이며 기가 있는 곳에 물이 있다(土者氣之母 有土斯有氣 龍者水之母 有氣斯有水)"라는 말과 연관해서 이해해야 한다. 즉, 흙(龍)은 기를 만들고 기는 물을 만드는 흙(龍)과 물이 조응하는 상황을 말한다. 다시 말해 소사납수는 바깥의 당기堂氣와 안쪽의 생기(용기龍氣)가 상호 영향을 주는 효과를 관찰하는 것이다. 이 과정을 통해 혈장지점穴場之點이 '진용혈眞龍穴'인지를 관찰하는 것이 내룡증혈이다. 만약 내룡이 진룡임이 증명되면, 정한 혈장이 바로 '혈'임이 증명되는 것이다.

풍류와 풍수

동아시아, 특히 오늘날의 중국 지역에서 발달한 이러한 풍수이론은 삼한 땅에 지대한 영향을 미쳤다. 풍수이론에서 이야기하는 관쇄가 이루어진 형국은 중국 지역보다는 산첩첩 물골골인 삼한땅에서 더 적용 가능성이 크다. 유오산수遊娛山水를 통해 풍월의 주인이 되기 위한 디오니소스적 축제를 벌인 이들에게 산수는 여느 산과 물이 아니었을 것이다.

그들은 산과 물을 찾아다니며 모든 만물(蟲)을 기르는 신성한 바람(凡)을 찾았고 그것을 자신들의 도(流)를 가리키는 말로 삼았을지도 모른다. 그 자세한 내막은 알 수 없지만, 풍류가 당대의 철학과 우주원리를 구축했다면 풍수는 실질적인 사람의 삶을 운영하는 학문이었을 거라고는 짐작할 수 있다. 삼한에 언제부터 풍수지리가 있었는지 정확히 추적할 수는 없지만 고구려 고분벽화에 〈사신도〉가 그려진 점과 백제의 무령왕릉 지석에는 "돈 1만 문, 을사년(525년) 8월 12일 영동대장군 백제 사마왕은 상기 금액으로 토왕, 토백, 토부모와 상하 지방관의 지신들에게 보고하고 서서남 방향의 토지를 매입하여 무덤을 쓴다. 이를 위하여 증서를 작성·증명하므로, 이 묘역에 관한 어떤 율령에도 구속되지 않는다"라고 되어 있다. 신라에서는, 석탈해가 호공의 집에 몰래 숯을 묻어두고 원래 대장장이였던 자신의 조상이 살던 집이라고 우겨서 집을 차지했다는 얘기를 미루어볼 때, 삼국시대 이전부터 풍수는 있었던 것으로 보인다. 다만 그 풍수가 중국에서 전해져 온 것인지 좋은 터를 잡기 위해 보편적으로 자생하던 '터잡기'인지는 알 수 없다. 어쨌든 그런 자생적인 터잡기 기술이 아주 이른 시기에 중국의 풍수이론과 조우했던 것만은 틀림없다. 그 결과 중국풍수와 자생풍수가 접합해서 고려시대까지 독특한 삼한의 풍수관을 만들어간 것도 사실이다.

중국풍수와 달리 삼한땅에서 이루어진 풍수를 흔히 '비보풍수裨補風水'라고 부른다. 중국풍수가 앉은 자리를 중시하고 그에 따른 음양오행과 주역의 원리, 명리 등과 연결해 인간의 발복發福을 목적으로 한다면, 비보풍수는 말 그대로 '하찮은 것들(卑)에 옷을 입혀(衣) 그럴듯하게(甫) 만들고, 갖추어서(衣) 뜻을(甫) 이루는' 것이다. 이러한 비보풍수의 관점에서 보면 인간이 불완전하듯 자연은 비면 담기고, 차면 넘치고, 넘치면 흐르는 자기의 길을 가는 존재다. 거기에 인간적인 투사를 하는 것은 어리석다고 본다(天地不仁). 자연은 때로는 사람에게 위안을 주지만 그것은 자연의 뜻이 아니라 사람의 뜻이다. 때로 자연은 사람에게 돌이킬 수 없는 피해를 주기도 한다. 그 역시 자연의 길이다. 이러한 자연의 길을 잘 살펴서 해석하여 바람과 물의 길을 다루고 산과 땅을 이롭게 하는 것이 비보풍수의 핵심이다.

이야기 공동체와 비보풍수

흥미롭게도 비보풍수의 대가인 도선道詵이 잡은 절터는 상당수가 폐사지다. 기록상 도선국사는 약 1,300여 곳의 절터를 잡았다고 하는데 거의가 폐사되었다. 기록을 다 믿을 수는 없지만 그렇다 하더라도 남아 있는 절과 비교해보면 기록과 너무 차이가 난다. 도선이 잡은 절터가 대부분 폐사가 되어버렸다는 것은 의심의 여지가 없다. 비보풍수의 대가가 잡은 터가 우리의 흔한 생각으로는 결과적으로 흉한 곳이었다는 얘기다. 왜 그럴까? 여기에 비보풍수의 진정한 뜻이 있다. 삼한의 지질은 시생대에 형성된 오래된 지층에 속한다. 자연히 침식과 풍화로 산의 표토가 그리 깊지 않다. 여기에다 여름철 장마 때는 가공할 집중호우가 내린다. 어느 해인가는 한강의 수량과 맞먹는 비구름이 한두 시간 만에 그 물을 지상에 퍼부은 적도 있었다. 사정이 이러해서 장마철의 집중호우에는 산의 나무가 홍수를 조절하는 데에 한계가 있다. 표토가 머금는 양도 그 깊이가 얇기 때문에 일정 정도의 시간이 지나면 포화 상태에 이른다. 비를 빨아들이는 나무도 한계에 다다르고, 비를 머금는 흙의 용량도 한계에 이르면 더 이상의 물은 처리가 안 되고, 물의 흡수를 막는 지반암과 표토 사이에 수막이 형성되기 시작한다.

이 수막을 타고 표토 전체가 흘러내리는 현상이 산사태다.

비보풍수의 대가 도선은 이 산사태에 주목했다. 산이 많은 삼한땅에서 집중호우로 인한 산사태는 산을 등지고 취락을 구성하는 마을구조에서는 치명적이다. 도선은 만약 산사태가 나면 마을에 가장 치명적인 해를 끼칠 산의 길목에 절을 지었다. 절을 지었다는 얘기는 당연히 승려들이 산다는 얘기다. 도선은 이 승려들을 예비소방관(?)으로 삼았다. 집중호우로 산이 위험해지면 절을 보호하기 위해서 승려들이 나서서 물길을 밝혀주려고 애쓸 것이 당연하다. 그러나 사람의 힘으로도 안 될 때는 할 수 없이 절을 버려야 한다. 그렇게 승려들이 대피하면 그때 마을을 지키는 최후의 보루가 바로 절이다. 산지가람의 배치에서는, 건물군으로 둘러싸인 평지와 산의 경사를 극복하기 위한 축대의 단차가 필수다. 그것들이 여러 번 반복되어 이루어지는 것이 산지가람의 전형적인 배치다. 이 배치가 산사태의 속도를 늦추는 데에 아주 효과적이다. 일단 산신각이나 대웅전을 무너뜨리면서 산사태는 평지에서 속도가 느려지고, 평지를 넘쳐 아래 단으로 떨어져 쌓이면서 스스로 장애물이 된다. 그런 식으로 산사태는 마을에 당도하기 전에 기세가 꺾이고 만다. 그러니 절이 살아남을 수가 없다. 도선의 비보풍수는 불인不仁한 천지의 작용에서 사람을 살리는 건축을 했다.

궁극적으로는 사람을 살리기 위한 것이지만 물길을 보호하기 위해 절을 지은 예도 있다. 평지를 흐르는 강은 휘돌아가는 원심력이 작용하는 부분을 침식하면서 예측가능하게 흐르고 그 반대편에는 비옥한 충적토를 쌓아놓지만, 계곡의 골짜기는 퍼붓는 수량을 효과적으로 흘려보내는 중요한 길이다. 거기에 비옥한 충적토 같은 것은 없다. 이 물길이 산사태로 덮이는 경우를 막기 위해 가파른 골짜기 위에 절을 지은 경우도 있다. 물론 절은 흙에 쓸려가고 없지만, 물길은 여전하다.

그래서 비보풍수의 가장 먼저는 자연의 길을 아는 것이다. 이 조사와 연구 없이 비보풍수는 이루어질 수 없다. 그렇다고 데이터가 많다고 정확한 예측이 이루어지는 것도 아니다. 자연은 복잡계complexity system다. 복잡계는 몇 가지 성질을 가지고 있는데, 첫 번째 성질은 복잡한 관계를 가지기 위해서 간단한 요소들이 간단한 관계를 가지는 것으로 시작한다(simple components or agents). 두 번째 성질은, 수많은 요소들 간의 복잡한 관계로 인해 비선형을 이루어 관계들을 예측할 수 없다는 것(nonlinear interactions among components)이다. 세 번째 성질은, 시스템 전체에 중심이 없고 각각의 요소들에 의해 시스템이 통제된다는 것(no central control)이다. 마지막 성질은, 요소들이 모여 복잡계가 생기면서 등장한 새로운 성질인데, 이는 복잡계를 구성하고 있는 각각 요소들의 특징이 복잡계의 특징이 될 수는 없다는 것(emergent behaviors)을 의미한다. 이 예측불가능한 현상을 배우기 위해 비보풍수는 끝없이 그 지역의 주민들에게 배운다. 예언을 내놓는 것이 풍수가 아니다. 비보풍수는 주민들과의 이야기를 통해 성립한다. 비보풍수는 비전으로 전승되는 것이 아니라, 이 이야기 공동체를 통해 대안을 내놓는다. 언제 어디서나 끊임없이 만들어지고 얘기되고 세대에서 세대로 전해지던 이야기, 이제 이런 이야기들은 사라지고 없다.

근대의 이야기, 모국어 없이 번역하기

이야기가 사라지면서 우리의 공동체도 크게 변화를 겪었다. 조선시대 내내 풍수는 인간 이성을 중시하던 성리학자들에게 미신으로 치부되었지만, 이야기 공동체가 존속하는 한 풍수는 민중들의 이야기 속에서 살아왔다. 그러나 일본제국주의로부터 들어온 근대는 삼한땅에서 기독교라는 종교와 결합하면서, 피식민지인 이 땅의 자본이 살아남기 위해서는 일제와 결탁하느냐, 기독교와 결탁하느냐의 선택만이 남아 있었다. 풍수는 조선시대 내내 미신이었지만 기독교로 인해 이제는 이단이 되었다. 그리고 향후 100년 동안 삼한땅의 이야기들이 급속하게 사라지고 근대의 담론과 야훼의 이야기가 그 자리를 대신했다. 이상하게도 이 땅에서 근대는 곧 기독교가 되었다. 근대가 당풍이나 몽골풍처럼 생활의 양식으로 이해되었다.

이야기를 말하고 적는 언어와 문자의 문제에서도 삼한땅은 아주 오래전부터 이상한 이중언어 생활을 하고 있었다. 말과 그것을 적는 문자의 체계가 달랐던 것이다. 중국어와 한국어는 그 언어 유형부터 다르다. 중국어는 고립어isolation고, 한국어는 교착어다. 즉, 우리는 하나의 낱말(어절)이 하나의 어근root 혹은 어간stem과 각각 단일한 기능을 가지는 하나 이상의 접사affix로 이루어져 있는 언어인 교착어로 말하면서, 그것을 적을 때는 어간과 접사 사이의 경계가 분명하고 어순이 바뀔 수 없는 고립어로 생각을 적어왔던 것이다. 수천 년 동안 이런 이상한 이중언어 생활을 해오며 삼한땅의 식자들은 말보다는 문자가 가지고 있는 기원originality에 대해 더 천착했으며 수입된 철학과 사조의 원뜻에 더 집착하게 되는 결과를 낳았다. 근대를 겪으면서도 그것이 일본어로 바뀌고 영어로 바뀌었을 뿐 '원조'에 대한 집착은 달라지지 않았다.

비보풍수가 전승되지 않았던 이유도 마찬가지다. 비보풍수는 스승과 제자 사이에서 전해지고 그 지역의 주민들과 적절한 협치governance 모델을 만들면서 확장된다. 사정이 이러하니 그 체계가 확정적으로 고착되는 경우란 거의 없다. 원래의 의미를 찾을 수 없는 이러한 모델에 조선의 식자들은 난감했을 것이다. 결국 비보풍수는 학문적 체계가 아니라 변화하는 현실에 대응하는 능동적 작용방식이다. 그것은 한국어가 가지고 있는 교착어로서의 특징과도 일치하는 부분이다. 우리의 언어 사용 습관과 비보풍수의 모델은 일치한다. 그리고 우리는 이제 말과 글이 일치하는 시대를 살고 있다. 과연 그럴까? 한국어로 사고하고 한글로 적기 시작한 지 이제 겨우 70년 남짓이다. 우리가 알고 있는 대다수의 근대 문인들은 일본어로 사고하고 일본어로 글을 썼던 사람들이다. 한국어로 생각하고 한국어로 글을 쓰기 시작한 사람들이 1940년생들이다. 김승옥, 김지하, 박상륭, 황석영, 이문구, 이제하 등의 작가들이 그들이다. 그 이후에도 우리 언어는 꾸준히 영어의 영향을 받아왔고, 지금도 그 영향은 진행 중이다.

말인즉슨, 우리에게는 모국어가 아직 확정되지 않았고, 이것은 영원히 확정되지 않을지도 모른다. 언어는 움직인다. 문화가 그렇듯이 오염될수록 언어는 풍부해진다. 어떤 언어도 고립된 채로는 확장될 수 없다. 문제는 공동체의 이야기가 있느냐, 하는 것이다. 수천 년간 세계를 떠돌던 유대인들에게도 야훼와 예언자들의 이야기가 있다. 그들은 그 이야기로 공동체를 이루며 전 세계에 흩어져서도 유대인의 정체성을 유지한다. 그러나 지금 우리에게는 이 이야기가 사라졌다. 모국어는 이 이야기를 통하지 않고서는 살아남을 수 없다. 공동체의 이야기가 없다는 말은 모국어가 없다는 말과도 같다. 그저 한국어로 말하고 있다고 해서 한국어가 살아 있다고 말 할 수 없는 것이다. 모국어는 그 말이 구성하는 세계, 즉 공동체의 이야기가 있어야 한다. 공동체의 이야기가 없는 모국어는 뜻이 없는 소리에 지나지 않는다. 그것은 언어 본연의 기능을 상실한 말이다.

다시, 언어는 오염될수록 풍성해진다고 새겨보자. 그것은 공동체의 이야기가 있는 경우다. 뒷산이 어떻게 호랑이가 되고 앞산이 어떻게 닭이 되었는지, 앞개울에서 어떤 용이 살다가 승천했는지, 승천하지 못하고 이무기가 되었는지, 우리는 이런 이야기를 언어의 오염원들인 타인의 언어를 통해서 새롭게 해석하고 의미를 확장한다. 그러나 그런 이야기들이 다 죽어버렸을 때 타인의 언어는 과연 어떻게 우리를 재구성하는가? 공동체의 이야기가 부재한 상황에서 타인의 언어가 우리를 재구성하기를 바라는 것은 뼈대 없이 진흙소를 만드는 격이다. 당장 무엇인가가 만들어지는 것 같지만 이내 무너지고 갈라지고 터진다. 허망한 일이다. 그렇다면 근대 이후 서구에서 물밀듯이 쏟아져 들어온 저 많은 철학과 사회사상과 문물들은 어떤 언어로 번역되는가? 모국어 없이 번역되는 저 지식들은 도대체 뭐란 말인가? 모국어 없는 번역을 통해 과연 그것들이 우리의 사회 시스템으로 정착할 수 있는가?

비보풍수裨補風水와 도시재생urban rehabilitation

비보풍수는 한 마을의 이야기를 바탕으로 한다. 삼한땅은 첩첩이 산중이다. 골짜기 골짜기마다 이야기가 없는 동네가 없다. 거기다 풍수의 형국론形局論은 그 첩첩산중을 무생물에서 살아 숨쉬는 것으로 만들었다. 심지어 사람이 만든 그 이야기가 오히려 사람의 생활을 규정하기도 했다. 사람이 이야기를 만들었고, 이야기가 다시 사람을 만들었다. 어떤 마을에서는 우물을 파는 것이 금기였고, 어떤 마을에서는 바위가 마을을 지켜준다고 믿었다. 바람이 많이 부는 곳에는 승천하지 못한 이무기의 입김이 마을을 위협한다고 생각해 방풍림을 만들었고, 심지어는 흙을 쌓아 산을 만들기도 했다. 그것도 여의치 않을 때는 지명을 바꿔서 항상 조심하게 했다. 마을은 사람이 사는 곳이 아니라 산과 물과 이야기와 뭇 생명들이 같이 사는 곳이었다. 마을에는 처음 터를 잡은 사람이 있었고, 사람들이 모여들면서 다른 성씨들이 서로 모여 살게 되었다. 그 성씨들 중에서 이런저런 사연으로 이 마을에 처음 들어와 살게 된 사람을 또 입향조入鄕祖라고 불렀다. 근대는 이 모든 것들의 가치를 폄하했고, 전쟁은 대대로 뿌리박고 살아오던 사람들을 단박에 유민으로 만들었다. 이야기가 사라지면서 우리는 모국어를 상실했고, 모국어가 없는 상태에서 번역이 진행되면서 우리는 우리를 이루고 있는 것이 무엇인지 뒤죽박죽되어 알 수 없게 되었다. 산업사회 이후 경제는 발전했지만 그 대가는 혹독했다. 그것은 마치 그림자를 팔아먹은 사람과 같이 우리의 이야기를 팔아서 산 부였다. 전 국토의 도시화가 급속하게 이루어졌고, 신자유주의 하에서 도시에서는 빈부의 격차가 더욱 벌어졌고, 규모의 경제를 뒷받침하는 국가 정책은 커진 파이를 부자들이 독식하는 것으로부터 서민을 더 이상 보호해줄 수 없게 되었다. 도시재생은 그런 상황에 처한 서민들의 저항을 의식한 정책이다.

따라서 우리의 도시재생은 87년체제 이후의 사회변화와 무관하지 않다. 87년체제란 1987년 6월항쟁으로 열린 민주화시대의 사회체제를 말한다. 산업화시대의 사회체제인 '61년체제'는 냉전, 개발독재, 무정형의 시민사회, 공동체주의 문화에 기반해 있었다. 그에 비해 87년체제는 탈냉전, 시장만능주의, 조직화된 시민사회, 개인주의 문화로 특징지어진다. 이러한 결과로 우리 사회는 인구의 감소, 산업구조의 변화, 도시의 무분별한 확장, 주거환경의 노후화에 직면했다. 이전의 도심이 쇠퇴하고 지역역량이 약화되었다. 반면에 정치적 변화를 이끈 시민사회의 역량이 성숙하고, 개인주의를 바탕으로 한 삶의 질에 대한 요구가 팽배하면서, 이전까지의 개발 위주 정책으로는 더 이상 이러한 변화들을 수용할 수 없게 되었다. 도시재생은 이러한 인식에 바탕해서 쇠퇴하는 도시의 역량을 강화하고, 새로운 기능을 도입해서 경제적·사회적·물리적·환경적으로 활성화하는 작업을 행한다. 물론 여기에 문화·역사적인 보존작업conservation, preservation을 병행해가야 하는 것도 빠뜨릴 수 없다.

도시재생은 일단 지금의 도시가 낙후되었다는 걸 인식하면서 시작한다. 그렇다면 당연히, '왜 그렇게 되었을까?'라는 의문에서부터 재생은 이루어진다. 상업, 문화, 역사, 생태, 건축, 그야말로 방대한 지표들이 먼저 조사되어야 한다. 이런 진단을 바탕으로 마치 한의사가 정확한 자리에 침을 놓듯이 도시에 활력을 불어넣는 요소들을 찾아야 한다. 그것은 마치 비보풍수가 그렇듯이 지역 주민들과의 지속적인 대화 기구가 만들어져야 가능하고, 그 기구를 바탕으로 이야기를 찾아야 한다. 도시재생은 이야기의 회복이다.

도시재생, 이야기의 회복을 위하여

그 이야기들은 한 마을이 백두대간에서 어떤 정맥에 의해 뻗어나왔고, 어떤 물줄기를 타고 형성되었는지 설명하는 지리에 대한 이야기와 그 산과 강들이 마을로 들어와 어떤 이야기를 만들었는지를 알려주는 신화와 전설에 대한 이야기, 그 전설과 지리가 합해져 빚은 인물들에 대한 이야기다. 그러나 우리는 이런 이야기에서 너무 멀리 떠나 있다. 이 이야기를 상실하며 모국어를 잃었으므로 우리가 이 이야기들을 독해하는 것은 거의 불가능에 가깝다.

도시재생의 방법들도 서구의 방법과 우리의 그것이 같을 리가 없다. 중요한 것은 철학이든, 예술이든, 사회사상이든, 우리는 모국어 없는 번역을 하고 있다는 사실을 인식해야 한다. 그 인식을 깔고 지금, 여기의 이야기를 발견해내야 한다. 도시재생의 문제가 누군가 그 지역에 선물처럼 건네준 것이 되어서는 안 된다. 도시재생에 정책만 있고 사람이 없다는 탄식은, 지식 오퍼상들이 모국어 없이, 수입한 지식들을 번역하는 오류에서 일어나는 일들이다. 모국어 없는 번역은, 누군가 끝없이 병이 있다고 우리에게 말하는데 정작 아픈 사람은 아무도 없는 것과 마찬가지다. 도시재생의 문제에서도 이 같은 오류에 빠질 위험이 있다. 우리의 아픔은 어디에 있는 것일까? 이제 우리는 도시재생이라는 담론 위에서 처음 우리 몸(도시)에 대해 생각해볼 기회를 가진 것 같다. 100년 동안 우리 몸이 어떻게 병들었는지, 무엇이 살아있고 죽었는지 살펴야 한다. 도시재생의 가장 기본적인 전제도 여기에 있다. 즉, 도시재생은 삶의 회복이고 이야기의 회복이어야 한다는 대전제에서 고정된 원칙은 없다. 왜냐하면 그 이야기는 끝없이 열린 구조를 지향하기 때문이다. 그것은 또, 비보풍수가 도시재생에 던지는 질문이기도 하다.

벼림

농업·농촌·농민 연속좌담 3

지역농업
조직화와
마을만들기

농업·농촌·농민을 둘러싼 당면 쟁점들을
농민·주민·활동가·연구자 등이 모여
서로의 관점을 교차시키며 깊이
연속해서 토론합니다.
그동안 국가와 정책결정자들의 관점에
의해 틀지어져오던 농촌 문제의 숨겨진
세부를 재발견하고, 그 문제들을
해결할 보다 정밀하고 통합적인 사유와
자율적인 실천의 장을 준비합니다.

참석 | 구자인, 김정섭, 정민철
사회와 녹취록 정리 | 김정섭
때 | 2019년 6월 6일 오후 4~6시
곳 | 충남 홍성군 장곡면 도산2리 오누이권역다목적회관

지역농업 조직화와
마을만들기

김정섭 지방분권이 현재 정부의 중요한 정책 의제입니다. 한편 농촌 지방자치단체 중 여러 곳에서 '농민수당' 제도를 도입하겠다고 나섰습니다. 지방농정을 어떻게 잘 펼칠 것이냐가 농업 문제로 보든, 농촌 문제로 보든 중요한 의제로 부각되고 있습니다. 지금까지는 농업 문제에 관해서 지방적인 관점에서 논의하는 일이 적은 편이었다고 봅니다. 농업 문제는 늘 부문 산업의 문제로 간주되는 경향이 강했습니다. 그러나 이제는 농업 문제도 지역이라는 바탕 위에서 되짚어보아야 할 때가 되었습니다. 한편, 농촌 지역의 자치라고 해야 할지, 마을만들기라고 해야 할지, 거버넌스governance라고 할지……. 무엇이라고 부르든, 주민들이 자치역량을 키워가면서 관청과 거버넌스를 형성하려는 시도는 한국에서도 적지 않게 있었습니다. 구자인 선생님께서 그런 흐름을 오랫동안 지켜보면서 다양한 활동을 해오신 장본인이니, 그간의 흐름을 짚어보면서 비판적 논점을 하나 제시해주십시오.

농민조직화운동과
마을만들기운동

구자인   지난 번 플루흐J. D. van der Ploeg 교수가 방문해 발표했던 내용과도 관련이 있습니다만, 열쇳말은 '칸막이를 어떻게 없앨 것이냐'라고 봅니다. 우리 스스로 칸막이를 만드는 부분도 있는데, 그것을 극복하기 위한 노력이 중요합니다. 민간의 활동들이 정책 사업과 연계되다 보니까, 행정의 칸막이가 민간에서도 반복되는 현상이 분명히 있습니다. 플루흐 교수의 발표 중에 인상 깊었던 것은 '농업과 지역을 결합하여 농촌협동조합으로 발전하는 구상'이었습니다.

우리나라에는 농업 문제에 관한 전통적인 흐름의 한 축으로 농민운동이 있었는데, 지나치게 산업과 소득보장 측면에 집중한 경향이 강했고, 지역의 다양한 문제와 괴리되어 왔습니다. 그런 흐름을 어떻게 다시 '지역' 중심으로 가져올 것이냐가 중요합니다. 이런 점에서 플루흐 교수의 방문과 발표는 시사점이 크다고 봅니다. 2004년 말 지역농업연구원[1]을 만들 때도 이런 반성과 문제의식이 있었지요. 농업을 지역으로 되돌아오게 만들자, 지역과 농업을 결합해 논의하고 지역농업 관점에서 지역사회를 재조직하자는 취지였어요. 이 밖에는 마을만들기와 농민운동이 칸막이를 극복하려는 시도는 거의 못 봤네요.

'사회적 경제'라는 운동 흐름도 지역과 괴리되어 칸막이 속에 있다 봅니다. 지역에서 먹고사는 문제와 관련해 사회적 경제라는 방식으

---

[1] 전라북도에서 농민운동에 관여하던 이들이 모여 설립한 사단법인으로 전주에 사무실을 두고 있다. 지역농업연구원은 1)지역농업과 지방농정의 발전 방향 실천적 모색, 2)농민적 역량강화 및 의사소통과 참여를 통한 지방농정 발전, 3)지역농업의 활로 개척과 생산조직의 지향, 4)지역 간 교류와 인적·조직적 네트워크 구성 등의 네 가지 목적을 내걸고 활동중이다. www.rari.or.kr

로 지역을 조직하자는 논의와 시도인데, 농업·농촌 문제와 별개로 움직이는 경향이 강해요. MB정부 때 정책사업과 결합해 '일자리' 문제로 좁혀졌고 문재인정부에서도 크게 다르지 않다 봅니다. 로컬푸드운동도 농촌경제의 선순환 구조를 만들자는 흐름이었는데 역시 칸막이 속에 갇혀버렸다고 봅니다.

마을만들기가 이런 흐름들을 모두 끌어안고 통합해야 하는 역할도 했었지만 쉽지 않았습니다. 일단 정책의 칸막이가 중앙부처에서부터 강력하게 있고, 각 정책 분야마다 민간 부문에서조차도 따로따로 줄서는 경향이 강했던 것이지요. '이렇게 가면 안 된다'고 계속 주장해왔지만, 현장의 조직화 속도는 느린 데다가 고령화 속도는 너무 빨랐습니다. 또 각 민간 영역이 모여 논의할 테이블도 없고, 만나더라도 다름만 확인하고 헤어지는 셈이라 결국에는 모두가 칸막이에 갇히게 된 것이라고 봅니다.

그래서 제가 충남에 오면서 제안하는 전략이기도 합니다만, 민관협치(거버넌스) 관점에서 중간지원조직이라는 핵심 상근조직을 설치하고, 이를 중심으로 칸막이를 극복하여 각 영역별 논의구조를 다시 묶어내는 활동에 집중해보자는 것입니다. 가능하면 각 영역을 통합한 통합형 지원센터(중간지원조직)를 설치하도록 요구하고, 거기서 융복합 과제를 만들고, 주민들에게 근본적인 메시지를 던지고, 이렇게 정책 칸막이를 차근차근 극복하자는 것입니다. 지역에 살고 있는 주민들이 분명히 느끼는 공통의 생활문제들이 있지요. 농사지어서 먹고살기 어렵다는 것도 그렇고, 노후생활이 걱정이다 하는 것도 공통의 고민거리입니다. 생활의 문제에 집중하면 농업경제나 교육, 문화, 복지, 환경 등의 영역들이 지역 내에서 다 결합되어야 한다고 생각합니다. 농민 중에도 이렇게 느끼는 사람들이 많다고 봅니다.

정민철 한국에 농민조직화의 경험은 있다고 보시나요?

구자인 오래된 전통으로 있었지요. 그런데 농민운동이 갈수록 '농업은 산업 문제, 소득 문제'라는 방향으로 가버렸지요. 농민조직화는 하지 않고, 지역에서 농업을 분리시켜 버리면서 각자 놀게 되었다고 봅니다.

정민철 한국에 농민조직화의 전통이 있다는 점은 확실하잖습니까? 어떤 일본인이, 일본에서는 전체 역사 속에서 농민들이 반란을 일으켜 본 적이 없는데, 한국에서는 동학이니 뭐니 농민들이 자기조직화를 한 것이 신기하다고 말한 적도 있습니다.

구자인 그건 역사 속의 이야기죠.

지역농업의 등장과 개념적 혼란

정민철 네. 역사 속의 이야기인데. 그 이후에도 농민회라든가, 가톨릭농민회든 뭣이든, 농민조직화의 흐름이 있었지요. 그러다가 1990년대 후반부터는 '지역농업'이라는 화두가 제출되었잖습니까?

구자인 네. 그렇지요.

정민철 '생산 중심'이어서 한계는 있었지만, 어쨌든 지역농업이라는 이슈를 통해서 지역의 농민들이 조직화되는 당시 흐름은 종래의 '농민회'로 대표되는 운동과는 다른 흐름이지 않았습니까? 예전에는 농민회 조직이 전국 조직을 만들기 위해서 지방 조직을 만든다는 식의, 어찌 보면 현장 조직을 만들어내는 차원이었다고 말할 수 있지만, '지역농업'이라는 말은 생산 중심적인 개념으로 출현한 것이지요. 그러니까 농업 생산 관련 문제에만 너무 집중해서 지역농업을 바라본 것이 한계였다고 봅니다. 그런데 이런 흐름도 실제로는 어느 순간 단절되었습니다. 2000년대 후반부터는 지역농업이 별로 강조되지 않습니다. 그렇지 않습니까?

구자인 전북 지역농업연구원이 설립된 게 2004년 12월입니다. 제가 귀국한 그 다음 달이었습니다. 창립총회에 갔던 기억이 납니다. 정부가 말하는 지역농업과 달리 앞에서 말한 것처럼 민간 스스로 농업과 지역을 통합하여 지역농업 조직화를 실천하는 흐름도 있었습니다. 이처럼 전라북도 농민운동 내부의 움직임도 있었고, 유정규 박사님 등의 지역재단 그룹이 주장한 것도 있어서, 지역농업이라는 문제가 수면에 떠올랐다고 봅니다.

정민철 그런데 2010년 무렵이 되면 지역농업 이야기가 별로 나오지 않게 됩니다.

구자인 지역농업 문제를 누군가 계속 제기했어야 하는데 그러지 못했습니다. 가령, 지역재단은 '전국적으로 지역리더를 발굴하고 육성하자'는 흐름으로 가버렸지요. 전북 지역농업연구원도 원래 설립 취지에도 불구하고, 내부 인적 자원 구성에 변화가 오고 살림살이에 집중하다 보니 조직 내부에서도 지역농업 문제에 집중하지 못했습니다. 단위사업 중심으로 움직이거나 여러 가지 용역사업을 하다 보니, 지역농업 논의가 끊긴 셈입니다. 그리고 농민운동 조직들은 아예 지역농업 문제에 대한 관심을 결여한 경우가 많았지요.

정민철 전국 수준의 정치운동조직 성격이 강했으니까요. 우리 지역만 보더라도 흐름이 비슷한 것 같습니다. 지역농업의 대표적 조직으로는 농협을 들 수 있을 것입니다. 면 단위의 농협들은 지역농업에서 중요한 역할을 해야 하는데, 대체로 금융업 위주로 사업을 하고 있습니다. 조금 특별한 곳에서는 농산물을 팔아주는 일을 유지하고 있지만, 그것조차도 한계를 보일 수밖에 없습니다. 생산자 중심이다 보니 단일 작물로 그 지역을 어떻게든 편제하자는 발상이 배경에 있는 것이지요.

구자인 플루흐 교수의 '농민 농업peasant farming'과 '지역협동조합 territorial cooperative'이라는 두 개의 열쇳말이 제게는 강하게 와 닿습니다. 그것을 중심으로 살펴보겠습니다. 기존 농협의 경우, 농민 농업이 아니라 경영자 농업entrepreneurial farming을 육성하려고 했던 것입니다. 그리고 지역협동조합으로서 역할을 했어야 할 농협이 그런 관점을 버리고, 금융이나 전국 시장의 경쟁구조 속으로 들어가면서 지역의 조직화를 포기한 것이라고 봅니다.

정민철 그렇게 볼 수도 있겠습니다. 저는 2000년대의 흐름을 이렇게 파악합니다. 전국을 하나의 판으로 보고 호남에서는 양파를 공급하고 영남에서는 과일을 공급하는 식으로, 당시에 이야기되었던 이른바 지역농업이라는 것의 주내용이 그 지역에서 주력 상품을 하나씩 개발해 내자는 주장이었던 것이 기억납니다. 농협 쪽에서 그런 주장을 하기도 했지요.

구자인 그걸 지역농업이라고 불렀던 것 같지는 않습니다. 같은 용어이기는 해도 다른 관점에서 사용한 것이지요.

정민철 어쨌든 조직화라는 측면에서 본다면, 그런 경향과 맞물렸던 것 같습니다.

구자인 중앙정부 농정에서는, 1990년대로부터 강화된 신자유주의 흐름 속에서 단작, 특화, 규모화 등이 강화하는 측면에서 지역농업이란 개념을 사용했습니다. 친환경농업이라는 큰 흐름이 중간에 끼어들긴 했지만, 지역에서 괴리된 산업적 측면의 농업만 강조했다고 봅니다. 아무튼, 중앙농정 차원의 지역농업 용어와는 분명 다른 측면에서 농업을 지역에 붙잡아두면서 사회적경제, 마을만들기, 로컬푸드 등이 결합되도록 해야 한다고 봅니다. 최근 논의가 활발한 푸드플랜도 지역농업 차원에서는 활용해야 할 중요한 흐름이라 봅니다.

정민철 그러면 '지역농업'이라고 할 만한 사례가 있었습니까?

구자인 당시에 일본의 사례를 들고 와서, 가령 지역재단 같은 곳에서 사례 연구를 하면서 '지역농업'을 강조했습니다. 농업이 지역사회와 같이 가야 하는데, 부문산업이라는 관점에서 농민을 조직해서 전국수준의 투쟁을 하겠다는 방향은 맞지 않다는 주장이 제기되었지요. 종래의 농민운동을 전면적으로 부정한 것은 아니었지만, 농민운동이 지역사회 안으로 들어와야 한다는 주장 속에서 '지역농업'을 강조했죠. 이런 입장에서 전북 지역농업연구원 설립에도 깊게 관여했다고 저는 파악합니다.

지역사회를 위한 활동과 지역경제를 위한 활동을 아우르는 지역연합조직(지역협동조합)이 필요하다

정민철 저는 풀무생협이 지역농업의 사례로 전형적이라고 봅니다. 풀무생협이 전형적인 지역농업의 사례로 이해될 수 있을 만큼 진행된 것은, 유기농업을 했기 때문이라고 봅니다.

구자인 이 지역, 홍성군 홍동면이나 장곡면 지역의 특수성이지요.

정민철 네, 특수성이 있습니다. 1980년대와 1990년대에 유기농업을 하는데, 농협에서는 아예 관심이 없고 정부도 관심이 없었습니다. 어떻게 해서든 농민들이 지역사회 내부에서 자기들끼리 모이지 않으면 실천할 수 없는 구조였습니다. 그래서 농민들 스스로 조직화하기 시작했습니다. 그러다가 외부에서 유기농산물 수요가 생겨나고, 농민들이 유기농업에 점점 더 참여하는 가운데 리里 단위의 작목반이 구성되었습니다. 그러면서 농민 본인들은 풀무생협이 협동조합이라고 생각했습니다. 현실적으로는 영농조합법인이었고, 법적으로는 생활협동조합이지요. 그런데 농민들은 스스로 생산자협동조합이라고 생각했던 듯합니다. 농민들이 모여서 총회를 하는 등 조직화했던 것이지요.

풀무생협을 지역농업 조직화의 사례로 간주하는 이유는 이렇습니다. 2005년 무렵에 지역 문제가 나타나기 시작합니다. 어떤 문제냐 하면… 처음에는 정부 지원 사업을 누가 수혜받을 것이냐 하는 문제로 지역 내 단체들이 경합하곤 했습니다. 그러다가 "야, 이러지 말고, 모여서 논의해보자"라는 주장이 제기되었습니다. 그래서 3~4개 단체 대표와 실무 책임자들이 모여서 회의를 한 적도 있습니다. 공공 부문에서 사업이 제안되면 무조건 이 회의에서 협의하여 누가 가져가는 게 좋을지 결론을 내자고도 했습니다. 또는, 실무자들끼리 모여서 이야기하는 모임을 만들자고도 했습니다.

그래서 '수요모임'이라는 실무자 모임도 있었습니다. 가령, 갓골어린이집 앞에 횡단보도를 하나 설치해야 하는데 어느 곳을 쑤셔도 기회가 만들어지지 않는데 어떻게 대책을 만들 것이냐는 논의도 했습니다. 지역 내에서 일어나는 사소한 문제들이 논의되기 시작했습니다. 그렇게 논의해도 문제가 안 풀리면 '면사무소에 이야기할까?'라는 식으로 정리되는 경우도 있었지만, 그때 우리가 가장 많이 도움을 요청했던 대상은 풀무생협이었습니다. 왜냐하면, 풀무생협에는 생산자 400~500명이 조합원으로 묶여 있었으니까요. 지역에서는 풀무신협 다음으로 큰 조직이었지요. 풀무신협이 가장 큰 조직이지만, 너무 크다 보니 순발력이 떨어지는 경향이 있었습니다. 그래서 풀무생협에 무언가를 해보자고 제안하면, 풀무생협에서는 "아, 그래요? 그럼 우리가 이사회에서 논의해보고 총회에서 결정하겠습니다"라는 식으로 반응하는 구조가 있었습니다. '논배미' 등 여러 조직과 단체들이 풀무생협과 논의를 하면서 등장했습니다.

또 다른 예로는, 학교급식이 지금처럼 제도화되기 전에도 홍동초등학교 학생들이 친환경급식을 먹지 못하는 상황에 대한 논의가 있었습니다. "풀무생협 생산자회에서 손해 조금 보더라도 친환경농산물 공급해주면 되지. 그게 무슨 어려운 일인가? 우리는 유기농 쌀을 갖고 있는데"라는 식으로 밀고 들어가기도 했습니다. 그래서 학교급식 시스템이 작동하기 2년 전부터 이 지역에서는 친환경농산물 급식이 이루어진 것으로 알고 있습니다. 이런 것들이 '지역운동' 차원에서 벌어지는 일이잖습니까? 그런데 '지역운동'을 하다 보니까, 생산자들은 경제활동을 하자고 조직을 만들었는데 그 조직이 지역활동을 하면서 경제활동에 대한 집중도가 떨어지는 일이 생겼습니다.

구자인 풀무생협이 그랬다는 것이지요?

정민철 네, 그런 면이 나타나거든요. 경제라는 것은, 철저하게 자본주의적으로 즉, 상업적으로 움직여야 하고 운동이라는 것은 비상업적인 활동이잖습니까? "우리가 지금 돈 벌어야 하는데 그런 일에도 나서야 하는가?"라는 문제제기도 있지만, 운동을 강조하는 쪽에서는 오히려 "아니, 그런 일은 우리가 맡아야 해"라는 식이었죠. 논쟁이 벌어진 것은 아니고, 사람들의 관점들이 다르게 나타난다는 느낌이 들었습니다.

구자인 풀무생협의 정체성을 지역의 협동조합으로 자리잡게 할 것인가, 아니면 생산자 조직으로 자리잡아서 농민들의 농업을 더 지원하는 방향으로 갔어야 할 것인가라는 문제였다는 것이지요?

정민철 지금 보자면, 당시에는 사람들이 스스로도 잘 정리되지는 않은 상태에서 주장했지만, 서로 구별되는 사고의 흐름이 있었던 것 같습니다. 플루흐 교수가 말했던 것은, 그런 조직(지역협동조합)이 실제로는 지역사회에서 중심이 되는 협동조합으로서 여러 가지 지역 문제를 담아낼 수 있어야 한다는 주장이라고 봅니다. 풀무생협은, 어떤 면에서는 농민들이 경제적으로 어려우니 '경제 우선'으로 방향을 틀었다고 봅니다. '경제 우선'으로 가면, 풀무생협 정도의 규모가 되면 지역에서는 물건을 팔 곳이 없는 상황이 됩니다. 시장이 좁기 때문에요. 그러면 어차피 수도권을 바라볼 수밖에 없는 구조가 되는 것이지요. 그렇게 되면 '지역'이라는 단어를 떼어내야 하는 상황이 됩니다. 그런 면에서 풀무생협의 사례는 좋은 경험이었다고 봅니다.

저는 지금 홍성유기농영농조합법인도 그것과 유사한 딜레마에 처했다고 봅니다. 실제로 농민들은 경제적인 부분에서 더 기대를 했는데, 홍동면의 농민들은 당시 풀무생협에게 지역사회에서 어떤 역할을 해달라고 요구했습니다. 지금도 비슷한 일이 있습니다. 사소한 예를 들자면, 이런 것이죠. 친환경농산물을 개인으로서 인증받기가 어려우니, 단체 인증을 받을 수 있게 해주면 좋겠다. 홍성유기농영농조합법인에 가입해서 친환경농업 인증만 받으면 좋겠다는 것이죠. 그런데 홍성유기농영농조합법인에서 보면, 그런 사람이 들어와 봐야 농산물을 출하하지 않기 때문에 도움이 되지 않습니다. 농산물 판매액의 몇%를 떼어서 운영비로 써야 하니까요. 그래서 그런 요구를 들어주어야 하느냐 말아야 하느냐 하는 논쟁이 조직 내부에서 생겨납니다.

결론적으로는, 그런 요구를 받아들이기로 합니다. 대신에, 인증과 관련해 조합이 제공하는 서비스에 대해서는 대가를 받자는 식으로 정리된 적이 있습니다. 지금은 다른 식으로 하지만… 그런 일이 2014년

쯤에 있었습니다. 지금도 그런 식의 지역사회 요구에 부응하는 일을 계속 확대하려 들면, 경제조직으로서 해야 하는 일이 있어서 쉽지 않습니다. 딜레마입니다. 물건 한 개라도 더 팔고, 농민들을 독려해서 어떻게든 상품성을 높여야 하는데, 지역사회 활동을 하는 사람을 한 명 더 두면 좋겠지만 그런 여유가 있겠냐는 것입니다. 그런 면에서 볼 때, 플루흐 교수의 강의에 나오는 네덜란드 사례에서 눈에 띄는 것은, 한 조직에서 두 가지의 일(경제활동과 지역사회활동)을 다 한다는 것이었습니다.

김정섭 정확하게는, NFW가 지역협동조합이지만 여러 협동조합들이 연합한 조직입니다. 6개의 협동조합이 참여하고 있습니다.

정민철 6개 조직에 1,000명이라는 것이죠?

김정섭 6개 회원 조직이라고 하지만, 사실 협동조합은 아니고 법인격도 없는 것 같지만, 이런저런 일을 하는 수십 개의 팀들이 소속되어 있습니다. 문헌에는 우산조직umbrella organization이라고 나옵니다.

정민철 엄밀히 보면 연합조직이잖아요?

김정섭 네.

정민철 저는 이런 생각이 듭니다. 일본의 어느 곳에 가면 100명 정도로 구성된 조직이 6개 있었습니다. 똑같이 친환경농업을 하는데, 어떤 그룹은 저농약농업을 하고 어떤 그룹은 완전히 유기농업을 하는 식으로, 조직마다 조금씩 다릅니다. 조직마다 각각 소비자단체와 연결되어 있는 구조였습니다. 그러면 이 조직들을 한 덩어리로 합치는 게 좋겠는가, 지금처럼 나뉘어 있는 게 좋은가를 두고 논의한 적이 있습니다. 당시에 풀무생협은 700명쯤 되는 조직이었거든요. 그래서 저는 700명이 한꺼번에 움직이는 것이 힘드니, 차라리 나누는 것이 맞지 않느냐고 생각했습니다. 100명씩 여러 조직으로 나눈 다음에 연합하자고 한 적이 있습니다.

홍동에서 2008년부터 만들어진 많은 단체들, 농민조직을 돕기 위해 만든 단체들이 다 모여서 NFW 같은 연합조직을 구성하는 방식으로 접근하는 것이 바람직하지 않겠냐고 생각합니다. 예전에 하나의 덩어리로 큰 규모 조직을 만드는 것은, '우리는 소농 구조여서 모두 뭉쳐야 한다'는 생각에 빠지는 오류 때문이 아닌가 합니다. 그러면서 덩치가 커지다 보면 경제성을 따지지 않을 수 없는 구조가 되지 않느냐는 생각도 합니다.

김정섭 조직이 커서 경제성을 따질 수밖에 없는 것이 아니라, 농산물 유통시장에 대응하려고 덩치 큰 단일조직을 만들었던 것 아닐까요?

정민철 네, 그런 부분이 있지요. 그러면 지금부터는 어떻게 할 것이냐고 한다면, 분명한 것은, 지역농업의 조직화라는 것이 농업생산만을 중심으로 움직여서는 안 된다는 점입니다. 물론, 농업생산이 필요하지만, 그것만으로는 안 된다는 것입니다. 지금처럼 고령화 추세에서 지역사회에서 일어나는 일들을 보면, 많은 과제들이 있습니다. 지역사회 안에서 농업생산 기계화를 어떻게 이룰 것인가를 고민하는 사람들이 있습니다. 가령, 영농사업단 같은 것을 만들어서 수월하게 기계화를 이룰 방법을 찾는 움직임이 있습니다. 육묘사업 같은 것을 한 단체가 도맡아서 하는 것이 좋지 않으냐는 생각을 할 수도 있습니다. 농업환경보전 프로그램을 계기로 농업환경 문제에 접근하는 단체가 생겨날 수도 있습니다. 이런 식으로 주제별로 단체들이 만들어지긴 하는데, 까딱 잘못하면 사업별 조직만 많이 생겨나는 꼴이 될 수 있습니다. 정부 지원사업이 끝나면 해산되는 조직들만. 그래도 지금은 그런 조직들을 하나씩 하나씩 만들어가야 하는 상황 아닐까 합니다.

구자인 제가 마을학회를 만들자고 제안했던 이유 중의 하나입니다만, 지역이 앞으로 어떤 방향으로 가면 좋을까라는 문제를 두고 보다 거시적이고 지역 전체를 아우르는 관점에서 논의할 필요가 있다고 봅니다. 각

각 개별적 필요에 따라 조직들이 만들어지긴 할 텐데, 지역사회에 대한 전체 관점을 대부분 놓치고 개별 필요에만 대응하는 동아리 같은 것을 만드는 데 익숙해져 있습니다. 지역에 대해서는 고민하지 않다 보니, 시장에 대한 대응도 안 되고 행정 정책에 대응하기도 어렵지요. 그냥 하다 보니 정책 관련해서는 칸막이 앞에 줄 서는 식으로 가고, 시장에 대한 대응은 개별적으로 흩어져서 경쟁력도 없는 구도였다고 봅니다. 그런 면에서 홍동 지역의 사례가 의미가 있다면, 홍동에서는 할 수 있는 것은 다 시도해봤다는 점입니다.

그런데 이렇게 계속 가면 과연 네덜란드의 NFW 같은 지역사회의 조직화 사례로 전환될 전망이 있느냐 하는 의문도 듭니다. 홍동 안에도 이런저런 작은 조직들이 많은 반면에, 생산 영역의 조직들이 붕괴된 상태인데도 재조직화 논의가 있는 것도 아닙니다. 홍동농협과 아이쿱이라는 두 조직에 연결된 구조를 유지하면서 재조직을 논의하는 틀은 없잖습니까? 논의구조를 복원해야 한다는 생각을 했습니다. 풀무학교 전공부 15주년을 계기로 평가하고 방향을 잡자고 했을 때, 논의구조가 복원되는 게 아니라 감정의 싸움들이 조금씩 드러나는 정도였습니다. 논의구조를 만들려면 추상성이 높은 상태에서 새 틀이 필요하다고 생각했습니다. 그런 면에서 마을학회 같은 조직방식이 좋겠다는 문제의식을 가졌던 것입니다. 그래서 앞으로 마을학회가 어떤 메시지를 던질 것이냐 하는 질문 앞에서, 지역 전체를 놓고 미래를 내다보는 논의가 필요하다고 봅니다. 그런 면에서 볼 때 플루흐 교수의 이야기는, 개별적으로는 우리가 다 아는 사실이지만, 이런 논의의 필요성을 다시 한 번 환기해주었다는 점에서 의미가 있다고 봅니다.

조금 다른 이야기이지만, 농협에 대한 평가가 있어야 합니다. '농협'이라는 말이 무슨 말을 줄인 것이냐고 물을 수 있습니다. 농업협동조합인가, 농민협동조합인가, 농촌협동조합인가? 농협이 무엇이라고 보느냐에 따라 그 논리적 귀결은 아주 달라집니다. 이 질문에는 제2의 새로운 농협을 만들자는 의미도 있다고 봅니다. 그렇게 보면, 농업협동조합이라고 할 때의 '농업'이 무엇이냐고 물을 때, 원래 '농민 농업'이었다고 보면 논리가 자연스럽게 풀립니다. 그렇게 보면 농협은 원래 지역협동조합이었던 것이지요. 그렇게 갔어야 했지요. 현재 농협을 개혁하자는 정도의 논의로는 아주 불충분할 것 같고, 새로운 슬로건을 내자면 '제2의 농협을 만들자'고 해야 할 터입니다. 농민들이 주도하고, 농민이 아닌 분들도 참여는 할 수 있는 구조를 만들어 지역 문제를 같이 풀어낼 지역 단위 협동조합을 새로 만들면 그게 제2의 농협이 될 것 아니냐는 생각을 해봅니다. 정말 농협다운 농협은 무엇인가라는 근본 질문을 던지면서, 가령 장곡농협을 그런 모델로 바꿀 수 있으면 바꾸고, 안 되면 새로 조직하자는 움직임이 필요합니다. 그러면서 기존의 조직들을 어떻게 다시 묶어서 갈 것인지 새로운 전망을 보여준다면, 필요한 경우에 그 조직들을 모을 수 있다고 봅니다. 옥상옥의 회의체가 하나 더 생긴다고 하면 불편할 수도 있지만, 그것이 생활에 도움이 되고 지역발전에 전략적으로 도움이 된다고 인식되면 묶일 것입니다. 그 비전vision을 어떻게 세울 것이냐는 논의할 수 있다고 봅니다.

다양한 지역농업 조직화의 경로

김정섭 지역농업 조직화라고 하든 지역 조직화라고 하든, 그 길을 어떻게 갈 것이냐 하는 물음 앞에 가능성 있는 경로가 몇 가지 제출된 듯합니다. 2000년대 초반에 지역농업 이야기가 나온 것은 당연한 일이었다고 봅니다. 1995년부터 지방자치제가 다시 시작되면서 당연히 지역농업 이야기가 나왔다고 봅니다. 뭔지 몰라도, 지방자치시대니까 개념이 불분명한 상태라 하더라도 지역에서 뭔가 조직화되어야 한다는 흐름이 하나 생겨난 것이죠. 그 흐름 속에서 유정규 박사님 같은 분이 연구자로서 많은 이야기를 하신 편인데, 제 기억으로 그 '지역농업 조직화' 논의의 핵심은 '지역순환농업' 내지는 '지역순환경제'라는 말로 표현되었습니다. 그런 흐름의 맥이 완전히 끊어진 것은 아니지만 아주 약해진 게 사실입니다. 그런 흐름을 중앙정부, 가령 농림축산식품부가 뒷받침하지는 않았습니다. 지역 중에서도 그런 흐름을 공고하게 이어받아 갈 수 있었던 곳이 몇 있었지만 약화되었습니다. 물론, 그래도 그 흐름은 남아 있다고 봅니다.

다른 한편으로, 정부 정책은 2000년대 중반 참여정부 때에 신활력사업이니 지역농업클러스터사업이니 하는 정책들을 하면서 '지역농업'이라는 말을 쓰기 시작했습니다. 그런데 그것이 지역의 농민이나 주민을 조직화해서 진정한 지방민주주의 내지는 농촌 지역의 내생적 발전을 추구하자던 것은 아니었다고 봅니다. 대부분 특화작물을 육성하거나 주산지를 형성해서, 전국 시장에서 경쟁할 수 있는 규모의 농산물을 생산하자는 식으로 흘러갔습니다. 물론, 거대하게 일어난 그런 흐름이, 농민들이 싫다는데 정부가 끌고 간 것도 아닙니다. 농민들의 상당한 호응이 있었고, 특화작물이 있는 지역에서 몇몇 성공사례가 생기기도 했습니다. 특화작물이 아니더라도, 친환경농업 쪽이 특히 그렇지만, 대형 소매유통업체들이 시장 지배력을 확장하는 상황에 대응하려면 산지에서 물량을 키워야 한다는 논리가 제기되고 그런 식으로들 많이 움직였습니다. 그런 길을 걸어오면서 은연중에 '지역농업 조직화'는 '농촌 지역에 있는 산지 출하조직 조직화'와 동의어가 되었습니다.

정민철 맞습니다.

김정섭 원래 지역순환경제 혹은 지역순환농업 이야기를 할 때에는 꼭 그런 이야기였던 것은 아니었는데, 어느 순간 지역농업 이야기는 산지 출하조직 규모화에 관한 이야기가 된 것입니다. 그것만 달성하면 상당히 상황이 좋아질 것이라고 본 것인데, 거기서 무언가 빠진 게 있습니다. 그렇다면 '지역순환농업'은 어디로 갔느냐는 질문을 던질 수 있습니다. 여전히 흐름이 남아 있기는 합니다. 진안군에서 유정규 박사님이나 구자인 박사님이 활동하면서, 여러 단체들을 묶어서 어쨌거나 지역을 조직화하는 모델이 여전히 진행 중입니다. 장수군에서도 지역순환농업 논의를 바탕으로 아주 많은 조직들을 만들어냈지만, 사과나 한우 같은 특화작물을 육성하는 전략을 수행할 수밖에 없었지요. 그 이후로 그 일을 주도했던 활동가 집단이 장수군을 떠나게 되었습니다. 그 사람들이 완주군으로 넘어가게 되었습니다.

완주를 보면, 이것저것 뿌린 씨앗들 중에 로컬푸드협동조합이 기반을 잡은 것 아닙니까? 그런데, 완주로컬푸드협동조합만 잘하고 끝난 게 아니라, 작년에 '완주사회적경제네트워크'라는 우산조직을 만들면서 아주 다양한 조직들이 묶였다는 점이 눈에 띕니다. 완주군청과의 관계에서도 상당한 힘을 갖게 되었다고 봅니다. '완주사회적경제네트워크'에 참여한 조직들을 보면 아주 다양하고 천차만별입니다. 협동조합이라는 조직 형식의 장점 중 하나라고 보는데, 서로 다른 직능에 종사하는데도 협동조합 조직이면 함께 묶여서 네트워크를 이룰 수 있다는 점을 보여줍니다. 그렇게 연결된 상태에서 자체적으로 협동하고, 자원을 공유하고, 서로 주고받는 관계 속에서 힘을 갖고 한 덩어리가 되니까 완주군청과의 관계에서도, 즉 거버넌스 측면에서도 힘을 갖게 됩니다. 가령 홍성군 같은 곳에서는, 큰 액수의 국고보조금 사업을 기획할 때 담당

공무원이 어려우면 지역 주민이나 활동가 가운데 자문해줄 만한 사람을 찾아가 물어보기도 하지만, 보통은 그냥 용역을 줍니다. 완주 같은 곳에서는, 군청의 과장이나 계장 정도의 지위에 있는 분들이 공식적인 회의를 하는 것도 아니고 용역을 발주하는 것도 아니지만 해당 분야 민간 조직에서 조언을 해줄만한 사람을 찾아 수시로 만나 의논하면서 사업계획서를 같이 만드는 분위기가 어느 정도 형성되었습니다. 그런 조언자들이 완주사회적경제네트워크에 속한 조직들에서 일하는 사람들이지요. 앞으로 두고 보아야 하겠지만, 그런 방식으로 조직화하면서 거버넌스 측면에서도 지역이 상당히 조직화된 사례가 완주군이라고 봅니다. 구박사님이 처음 말씀하신, '중간지원조직을 만들어 그 울타리 안에서 지역 내 조직을 만들고 그것들을 묶는다'는 식으로 진행된 것은 아니지만, 결과적으로는 그런 모양새가 되었다고 봅니다. 이런 경로가 하나 있는 것이고요.

 경상북도 상주 지역의 사례도 유심히 볼 필요가 있다고 봅니다. 상주는 원래 농민운동이 강력하게 전개된 곳이잖습니까? 전국구 농민운동의 지도자들이 분야별로 여러 명 계신 곳입니다. 얼마 전 이 사람들이 '상주다움 사회적협동조합'을 만들었습니다. 적어도 6개의 농민단체들이 연합해서 만든 조직입니다. '상주다움 사회적협동조합을 왜 만들었습니까?'라고 물어보면, 이런 답을 듣습니다. "상주다움 사회적협동조합은 중간지원조직이다. 지역 내의 농민 등 다양한 사람들을 조직해내고 연합하기 위한 중간지원조직의 성격을 갖는다." 그러면 이 조직이 지방자치단체 조례에 근거해서 지원을 받는 마을만들기지원센터나 사회적경제지원센터 같은 것이냐고 물으면, 그건 아니라고 합니다. 민간에서 자주적으로 만든 중간지원조직이라고 합니다. 부분적으로는 상주군청으로부터 위탁받아 사업을 수행하는 등의 활동이 있기는 하지만, 이 사회적 협동조합의 시작은 독특합니다. 제도적으로 중간지원조직을 먼저 만들어놓은 다음에 그 안에서 조직화한 것이 아닙니다. 농민조직들이 '우리는 중간지원조직이 필요해'라면서 스스로 만든 다음에, 군청과 협상하고 때로는 싸워가면서 안에서 세력을 만들어간 것입니다. 이때의 세력이라는 것이 단순히 정치적 세력만을 뜻하는 것이 아닙니다. 실제로 구체적인 활동들을 하는 조직들이 상주다움 사회적협동조합에 참여합니다. 가령, 몇 년 동안 길가에서 농민시장farmers' market을 운영하다가 상주로컬푸드협동조합을 창립해 매장을 두었습니다. 이것은 완주와는 다른 경로입니다. 상주시청이 별로 도와준 것 없이, 자력自力으로 만든 것이지요. 그러고 나니 이 조직이 힘을 발휘합니다. 예컨대, 푸드플랜 시책 같은 것이 추진되니까 상주다움 사회적협동조합이, 여전히 열세이긴 하지만, 나름대로 힘을 발휘합니다. 푸드플랜 같은 것이 추진되면 지역 농협들이 자신의 시장을 확장할 기회로만 보고 덤벼드는데, 상주다움 사회적협동조합은 계속 견제하고 의견을 제시합니다. 또 상주시 이안면에서 농업환경보전 프로그램을 하는 지역의 그룹도 이 상주다움 사회적협동조합 안에 들어와 있습니다. 농산물 유통도 아니고, 환경보전을 하겠다는 것이지요. 이런 식으로, 상주에서는 뜻밖에도 과거 농민운동의 전통과 힘을 바탕에 깔고 몇몇 조직들이 연합해 자생적으로 중간지원조직을 만들고 다시 새로운 조직화를 전개하는 모습을 보이고 있어서 유심히 봐야 합니다. 저는 홍동, 장곡 지역에서 그런 일이 일어났어야 하는 건지도 모른다는 생각도 해봅니다.

정민철 완주나 상주의 차이점이 있기는 해도, 공통점은 농민단체가 중심을 이루었다는 점입니다. 저는 홍성에서 그런 길을 가려면, 농민단체가 먼저 움직이면서 다른 분야의 단체를 포용해내야 한다고 봅니다.

어찌 보면 농민단체가 처음에는 다른 곳보다 먼저 그런 포용을 했지만 나중에는 그런 여력이 없어지게 된 것이 홍성의 경험이라고 봅니다. 농민단체가 사라져버려서, 지역은 무주공산이 되어버린 것 아닌가 합니다. 어쨌든 면 단위에서는 주민들의 60%가 농업을 하는 곳인데…….

구자인 조직화의 경로를 보면, 지자체마다 상황이 다릅니다. 지역을 진단하면서 전략을 짜는 사람들의 그룹들이 일정한 전략적 구상 속에서 조직화를 해나간 경우가 있습니다. 아니면 자발적으로 활동하던 조직들이 바닥에서부터 상향식으로 모이게 된 곳도 있습니다. 지역마다 상황이 다릅니다.

진안군은 워낙 토양이 척박해서 조직화가 잘 안 되던 차에 유정규 박사님이 씨앗을 뿌리고 저도 참여하면서 진행된 경우입니다. 그러면서 농업 중심이 아닌 다른 방식으로 진행되었습니다. 워낙 소농 중심이고 규모가 안 되는 곳이어서 농민회 활동도 거의 없다시피 한 상태에서 조직화 전략을 제 나름대로 제시하고 추진했던 곳입니다.

상주는 농민운동의 전통 속에서, 우호적이지 않은 지방자치단체장에 대항하면서 광야에서 자체 조직화를 할 수밖에 없었다고 봅니다.

완주는 사정이 조금 달랐던 것이, 고산농협 등 몇 가지 단초가 있었습니다. 그 단초가 있기는 했지만 힘은 별로 없는 상태에서, 지방자치단체장이 민간 그룹을 끌어들여서 계약직 공무원으로 활용하고 중간지원조직을 설치했던 곳입니다. 조직화 전략을 어떻게 잡았느냐 하면, 완주가 전주에 연접해있다 보니 로컬푸드 조직화를 우선 중요 과제로 내세웠던 것입니다. 마을만들기라든가 하는 다른 전략도 있었지만, 이른바 '브랜드 전략'으로 우선 로컬푸드를 전면에 내세우면서 다른 활동들을 그 밑에 배치하는 전략을 실행한 것입니다. 마을공동체

활동도 '파워빌리지 사업'이라는 명칭으로 조직화를 진행했고, 로컬푸드는 로컬푸드대로 생산자 조직화를 진행했는데, 로컬푸드 조직화가 더 빨리 진행된 셈입니다. 마을 단위 사업은 오히려 조직화가 더디게 진행되었습니다. 큰 틀에서 보자면 '완주 모델'은 밑바닥에 운동이 있기는 했지만 그것과는 별개로 외부에서 사람들이 들어가서 조직화 전략을 제시하고 풀어낸 것입니다.

홍성을 보면, 홍동에서 움직임은 있었지만, 홍동의 움직임이 홍성읍으로 확장된 것도 아니고 홍동면 안에서만 끼리끼리 뭔가 이루어졌던 것이지요. 다만, 홍성군의 농정기획단이라는 것이 우연찮게 지방선거를 계기로 만들어지고, 홍성통을 만든 것을 눈여겨볼 필요가 있습니다. 홍성통이 조직화 전략 측면에서 일정한 의미를 지닌 것이었는데, 지역에서는 아직도 그 의미가 잘 전달되지 않고 있다고 봅니다. 지금은 매너리즘에 빠져 있는 것 아닌가, 싶기도 합니다. 홍동 안에서의 전략은 나름대로 가능성을 갖고 있었지만 지금은 풀어내기가 어려운 상황이라고 봅니다. 논의구조는 마을학회 등을 매개로 유지하되, 전략적으로는 홍성읍내로 진출하고 홍성유기농영농조합법인 같은 조직도 포함하면서 지역농업 전략을 짜야 한다고 봅니다. 그런 면에서 홍성군의 농정기획단에 무언가 변화가 필요한데, 그런 기미가 보이지 않습니다. 홍성은 상주처럼 저항적으로 가면서 뭔가 했어야 하는 지역이냐고 물어보면 그런 것도 아닌 것 같고, 완주 같은 경로도 아닌 듯합니다.

김정섭 공통점에 주목하면, '지역농업 조직화' 또는 '농촌 지역 조직화'가 농촌에서 농산물 산지 출하 조직을 조직하자는 말이 아니라는 점은 분명합니다. 알게 모르게 지역농업 조직화를 산지 출하조직 조직화와 동의어로 취급해온 것이 사실입니다. 결국은, 농민들이 중심에 있되 농산물 유통 외에도 여러 가지 문제를, 심지어는 농업과 직접 관련되지 않더라도 지역사회에 필요한 문제들에 도전하고 해결할 수 있는 조직 기반을 만드는 것이 '지역농업 조직화'라는 것을 알 수 있습니다. 필경, 그런 식으로 조직화되면 그 조직은 지방자치단체와의 관계 문제에서 일정한 역할을 하는 위치에 서게 될 것입니다. 결국은 이것이 나중에는 지방농정에도 상당한 영향력을 발휘하게 되는, 그런 조직화의 길을 갈 수밖에 없다고 생각합니다.

주민자치회는 지역농업 조직화에 기여할 수 있는가

구자인 제가 최근에 주목하는 것은 주민자치위원회를 주민자치회로 전환하려는 중앙정부의 정책 흐름입니다. 논의구조도 만들고 기존 방식에 대해 문제를 제기한다고 할 때 어떤 단위에서 논의하고 조직할 것이냐 하는 물음이 남습니다. 저는 주민자치회가 하나의 가능성을 지닌다고 봅니다. 힘을 실어준다면 그렇게 될 수 있다고 봅니다. 지역협동조합을 만들자는 논의 자체도 논의구조가 있어야 문제를 제기하고 가능성이나 장점을 따져볼 수 있을 것입니다. 법제도의 틀 안에서 보수적인 지방행정의 문제를 제기하려면, 명분이 필요합니다. 거버넌스, 중앙정부 정책의 흐름 같은 것을 명분으로 내세우면서 이야기할 수 있습니다. 그때 주민자치회의 전환이 중요한 계기가 될 수 있다고 봅니다. 물론, 모든 읍·면에서 그런 변화가 일어날 거라는 것은 아닙니다.

정민철 다시 앞으로 돌아가자면, 홍성군 차원에서는 농정발전기획단을 강화해서 그쪽에서 틀을 짜야 한다고 보는 것입니까?

구자인 그것은 분명히 그래야 한다고 봅니다. 군 전체를 보면 워낙

넓으니까, 어떻게 하면 지역적 특성을 반영할 수 있느냐는 측면에서 전략이 있어야 합니다. 제가 제시하는 전략은, 시·군 단위에서는 민관협치 또는 거버넌스를 명분으로 삼아 행정 안팎에 논의구조를 만들어야 하고, 그 논의의 결과로 나오는 전략을 어떻게 풀어나갈 것이냐 하는 문제에 관해서는 읍·면으로 내려가야 한다는 것입니다. 지금의 읍·면 주민자치위원회를 봉사단체라고 생각하는 것은 큰 착각입니다. 원래 그런 것이 아니죠. 지금은 그런 것을 개혁하려는 변화의 흐름 와중에 있습니다. 이런 주장을 하면서, 주민자치위원회를 주민자치회로 전환하고 그 산하에 지역경제나 농업경제를 논의할 단위를 두어야 한다고 봅니다. 그곳에서 홍성군의 농업·농촌 발전계획을 수립할 때 지역농업 관점에서 읍·면 주민의 의견을 반영해 수립하도록 요구해야 한다고 봅니다.

이런 전략과 더불어 '지역협동조합'이나 '지역농업'에 관한 논의가 이루어져야 한다고 봅니다. 가령, 다품목 소량생산이라는 말은 아주 좋은 말이지만, 유기농을 하는 분이나 귀농하신 분들이 다 그렇게 주장하지만, 농가 단위에서 실현하기는 어려운 일이라고 봅니다. 그렇게 하려면 아주 일을 많이 해야 하는데, 농가의 인적 구성으로 볼 때 쉽지 않습니다. 다품목 소량생산은 면 단위에서 실현해야 하지 않을까 합니다. 그렇다면 읍·면 단위의 계획과 조직화가 필요합니다. 지역농업을 지역이 어떻게 조절할 것인가? 주민자치와 관련된 사업을 결합시켜야 하고, 그러려면 농민 단체나 그룹들이 면 수준에서 모여 전략을 짜야 할 것입니다.

김정섭 구박사님께 여쭤보고 싶은 게 둘 있습니다.

첫째, 지금 논의되는 주민자치회와 관련된 것입니다. 주민자치회라는 이름만 본다면 읍·면에서 일어나는 여러 분야의 일들을 논의할 수 있어야 하겠지만, 실제로는 주민자치회 자체가 자칫하면 칸막이 안에서만 움직일 가능성도 있지 않겠습니까? 주민자치위원회를 주민자치회로 전환한다는 정책 변화 자체가 행정안전부 주도로 이루어지고 있습니다. 면사무소 수준에서도 그대로 유지되는 행정 분야별 칸막이구조 안에서만 운영되는 주민자치회가 될 수도 있는 것 아니냐는 생각도 듭니다. 농촌의 주민자치회는 그 아래에 지역경제, 사실 농업경제를 논의하는 단위를 만들어서 그것을 매개로 농민들을 조직화할 단초를 만들어야 한다고 구박사님은 말씀하셨지만, 특별한 노력이 없다면 행정안전부 시스템의 말단으로서만 기능할 가능성이 있지 않냐는 생각을 하게 됩니다. 면 단위에서 직능 간의 구별이나 칸막이를 허물고 농민경제 측면에서도 뭔가 역할하려면 어떻게 해야 할까요?

둘째, 구박사님이 여기저기서 말씀하셨지만, 일단 여건이 그러하니 중간지원조직이라는 진지陣地를 하나 만들고 그 진지 안에서 마을의 여러 가지 조직화를 하자는 구상이잖습니까? 그런데 실제로는 마을만들기지원센터에 관한 논의를 할 때마다 여러 사람들이 비판하는 부분이 있습니다. 물론, 아직 시간이 있을지도 모르지만, 지금까지의 경과를 보면 마을만들기지원센터라는 조직 스스로 자신의 밥벌이를 하기에도 급하다는 비판이 있습니다. 밥벌이를 해야 하니 위탁사업을 받아야 하고, 위탁사업을 하기 바쁘니 지역사회를 조직하는 것이 본업이 아니라 군청이 해야 하는 여러 가지 사업이나 수립해야 하는 계획 등을 용역받거나 위탁받아서 대행하는 일 위주로 가는 것 아니냐는 생각도 듭니다. 어찌 생각하시는지요?

정민철 첫 번째 질문과 관계된 것입니다. 조직을 활용해 주민자치를 추진하자고 할 때, 예를 들어 홍성유기농영농조합법인이라는 조직이라도 있으니 그 조직을 주민자치회로 끌고 들어오면 그 분야에서는 일정한 기능을 할 수 있을 것입니다. 그런데 그런 조직이 하나도 없다면, 가령 장곡면에 홍성유기농영농조합법인이 없고 도산리에도 조직이 없다면, 사람들을 모아봐야 기존의 기관장 회의와 다를 바 없게 되리라 봅니다. 그래서 행정안전부가 주도하는 주민자치회 전환 같은 일도 필요하지만, 농림축산식품부도 지역사회의 특정 분야에서 관심을 갖고 활동하는 조직을 만들어내는 노력을 먼저 해야 하고, 그러면서 행정안전부에서 말하는 공식적인 틀도 활용할 수 있어야 할 것입니다. 그 같은 노력이 없는 지금 상태에서 주민자치회 전환은 공허하게 들립니다. 우리 입장에서는 작은 조직들을 계속 만들어서 뿌려놓아야 한다고 생각합니다.

구자인 동시에 움직여야 할 일이라고 봅니다. 큰 틀에서 보면 중앙정부나 광역지방자치단체가 할 수 있는 일은 법제도를 정비하는 일입니다. 그렇게 해서 현장 활동들이 일어나고 현장에서 실천이 일어날 마당을 만들어줍니다. 그렇게 하향식으로 판이 만들어지고, 거기에다가 지역의 여러 실천조직들이 결합하면서 질적 수준을 높이거나 법제도의 문제점을 개선하거나 새로운 영역을 개척하는 상향식 흐름이 맞물려 순환구조를 이루어야 할 것입니다. 지금 문재인 정부에서 자치분권이라는 큰 흐름이 진행되고 있습니다. 여기에서 빠진 부분은 시·군의 권한을 읍·면 수준으로 이양하는 방안에 관한 논의입니다. 이 대목에서 주민자치회 문제가 중요해집니다. 또 농촌은 어떻게 할 것이냐 하는 문제가 등장합니다. 민간 입장에서는 이 같은 큰 흐름을 어떻게 활용할 것인가를 살펴야 합니다.

지역농업 조직화는 어차피 해야 할 일이고, 열려진 지평地平을 활용하는 문제는 시범사업을 할 때 일정한 단초가 마련된 곳을 먼저 찾아 실험하는 것이 중요하다고 봅니다. 칸막이를 계속 만들려는 것이 행정안전부나 지방자치단체의 정책 전달 계통에 있는 관료제의 기본 특성입니다. 이런 분위기를 바꾸어내려고 여러 사람들이 문제를 제기하고 개선

방안을 제안합니다. 그런 발상들을 수용하는 단체장이나 고위공무원들이 있기는 한데, 일정한 논의구조에 참여해서 구체적으로 문제를 풀어갈 수 있도록 훈련이 된 사람들이 지역에서는 찾아보기가 쉽지 않습니다. 그래도 지평은 열어주고 칸막이구조를 극복할 수 있게 메시지를 계속 던지고 훈련할 수 있는 기회로서 주민자치회가 아주 많은 가능성이 있는 장소라고 봅니다. 중앙정부에서는 '주민자치형 공공서비스 플랫폼'이라고 표현하면서 정책을 기획하고 있습니다. 그 안에서 여러 논의가 있지만, 농촌에서는 어떻게 할 것인가에 대한 논의는 부족합니다. 시범사업 하는 곳들 중 절반에서라도 변화가 생긴다면 빠른 속도로 확산되리라 봅니다.

주민자치회 전환의 소위 '3종 세트'라는 게 있습니다. 하나는 '읍·면·동 발전계획 수립'입니다. 읍·면 발전계획을 수립한다는 것은 지역 발전에 관해 논의하는 장이 생긴다는 의미가 있습니다. 그 동안에는 행정에서 용역사업으로 풀어왔던 것을, 이제 주민들이 지역 전체를 볼 수 있는 계기를 제공한다는 데 큰 의미가 있습니다. 둘째는 '주민총회'입니다. 주민총회는 의사결정 방식에 관한 문제입니다. 권한이 크게 넘어오지 않았기 때문에, 주민총회에서 결정한 사항을 실제로 관철하는 일은 만만치 않을 것입니다. 이제 시작한 지 2년차에 불과합니다. 그러나 이런 일이 반복되면서 이웃 지역에서 사례가 나타나면, 여러 지역들에서 자극을 받을 것이라고 봅니다. 마을 단위 정책사업 사례를 보아도, 옆 마을이 변화하면 자극을 받는 경우가 많습니다. 셋째가 예산 문제로, '주민참여예산제'와 주민세 증액분을 지역으로 돌려준다는 방안입니다. 이런 예산구조에다가 군에서 내려오는 읍·면 재배정사업이라는, 권한이 많이 넘어오는 사업을 주민들이 알고 눈을 뜨게 되면 '예산이 없는 게 아니구나'라고 인식하게 될 것입니다. 여기서 생각 있는 사람들이 논의구조 안에 들어가서 전략을 짜고 문제의식을 표현할 수 있게 됩니다. 지금까지는 특정한 사업을 중심으로만 행정을 접촉해서, 예를 들어 위원회 같은 곳에서 문제제기를 하는 정도였는데, 기대를 하자면, 앞으로는 지역 전체를 통째로 보는 주민자치 훈련들이 확산될 것으로 봅니다.

주민자치회 전환에 앞서 필요한 것

정민철 주민자치회가 만들어지면, 주민들이 분명히 몇 명은 참여하게 될 것입니다. 그런데 그 사람들이 지역 전체를 보고 그림을 그릴 수 있느냐는 문제가 있습니다.

구자인 전체를 못 본다는 문제가 무엇입니까?

정민철 주민자치회에 참여하는 핵심인물들이 지역 전체를 보기보다는 자신이 아는 부분에 대해서만 의견을 제시하고 말하게 되지 않을까요? 지역 전체에 관해 자료를 만들어내고, 계획 수립에 무언가 정보를 투입할 수 있는 별도 단위가 필요하리라 봅니다. 주민자치회가 만들어져도, 참여하는 위원이나 그런 사람들이 모여서 무슨 논의를 해야 하는지, 어떤 통계자료를 보아야 하는지 등 막막해지는 일이 생기지 않을까요? 그때 지역 수준에서 여러 객관적인 자료를 제공할 수 있는, 자료를 만들어 전달할 수 있는 단위가 옆에 있다면 논의에 도움이 될 것입니다. 이런 것부터 필요하다고 생각합니다. 의사결정은 당연히 자료를 제공한 사람의 방향으로부터 큰 영향을 받겠지만, 그런 자료도 없이 주민자치회 내부에서 논의가 시작되면 기존 지역사회 내부의 갈등관계 등이 오히려 더 큰 영향을 끼칠 수도 있습니다.

구자인 과정 측면에서 보면 그런 시행착오나 애로사항들이 생겨날 것입니다. 그런 상황을 반복하다 보면 해결책을 모색하게 될 텐데, 제도 설계 측면에서 보면 그런 과정에서 나타날 애로사항을 어떻게 극복할 것이냐…….

정민철 정책적으로는 그렇게 할 수밖에 없겠지만, 구체적으로 특정 지역을 놓고 보면 걱정되는 부분입니다.

구자인 지역마다 여러 가지 노력을, 외부 전문가의 도움을 받든가 내부에서 단위를 만드는 등의 노력을 하게 될 것이라고 봅니다. 지역별로 다른 양상이겠지만요. 그런 걸 지원하라고 되어 있는 게, 주민자치회의 경우 컨설턴트를 붙여주는 정책사업도 있지요. 또 주민자치회에 관심 있는 활동가들이 이런저런 전망들을 보면서 어떻게 움직일 것인지를 판단하겠지요.

정민철 지금 단계에서는 읍·면 단위 농업·농촌 발전계획의 모델이 필요하다고 생각합니다. 그런 모델을 만들려고 할 때, 어디에서부터 시작해야 할지부터 고민해야 하고 수집한 자료를 분석할 능력도 필요합니다. 그러자면 면 단위에서 그런 일을 하고 싶은 사람들을 불러 모아서 교육을 시켜야 하지 않겠습니까?

구자인 지금까지 있었던 많은 중앙정부 정책들에는 칸막이가 많았고, 예산 가이드라인의 제약이 많았습니다. 이제 단지 정책사업을 설계하는 단계가 아니라, 정민철 선생이 말씀하신 일을 할 수 있는 조직과 제도를 구체적으로 설계해야 하는 상황이 된 셈이죠.

김정섭 주민자치회 전환이라는 기회를 열어주면, 대부분 지역에서 최소 3년은 삐그덕거리고 말썽이 생길 것입니다. 이렇게 기회의 문을 한 번 열면 나중에 가서 없었던 일로 다시 되돌리기는 어렵다는 점은 분명합니다. 주민자치회 내부에서 싸움이 일어날 것이고, 승리한 어느 한 그룹이 싸움의 결과를 독식하거나, 싸움 없이 계획을 수립했는데 막상 내용 면에서는 별 볼 것이 없는 일이 생겨날 것입니다. 그렇다고 해서 주민자치회를 없던 일로 하자고는 할 수 없을 것입니다. 그런데 경험을 쌓고 학습하는 기간을 5년, 10년 너무 오래 끌고 갈 수도 없는 노릇 아닙니까? 그 기간을 단축하려면, 상당한 능력이 있는 사람들이 자료를 제공하고 분석해야 합니다. 자기가 결정할 것은 아니지만 자료를 만들어 제공해줄 수 있는 사람들을 읍·면에 심고 갖추어야 할 것입니다. 결국, 조력자들이 필요한 것 같습니다.

정민철 구박사님이 사람이 있다고 했잖아요. 사람은 있습니다. 그런데 경험이 없는 것이지요. 협동하는 경험이란 이런 것이죠. 최소한 작은 조직이라도 만들어서, 10~20명 되는 조직이라도 어떻게든 운영하는 경험이 필요합니다. 그리고 주민자치회에 이장님들이 다 모여서 마지막에 '어떻게 해야 하지?'라는 질문을 던지는 상황이 되면 자료와 정보를 누군가에게 요청하게 될 것입니다. 그럴 때 외부의 컨설팅업체 같은 곳에 그런 역할을 맡기는 게 아니라, 지역 안에서 사람들을 찾아 빨리 공부시키고 훈련시켜서 활용해야 하지 않을까요?

지역농업 조직화를 위한
마을만들기지원센터의 역할은 무엇인가

구자인 저는 그런 훈련과 주민자치회 활동이 동시에 이루어지게 될 것이라고 봅니다. 두 가지가 동시에 가야 하는데, '우리가 지역사회를 바라보면서 어떤 변화의 전략들을 제안할 것이냐?'라고 질문할 때 정책이나 제도에서 열린 지평을 최대한 활용하도록 노력해야 할 것입니다. 그리고 지역 사례를 만들어 전파해야 할 것입니다. 기능이나 지식을 습득하도록 활동가를 훈련하는 과정도 마련해 운영해야 할 것입니다.

마을만들기지원센터 문제는, 예상을 해보자면, 이렇습니다. 충청남도에 10개의 센터가 있고 없던 곳도 곧 만들어져 내년중에는 모든 시·군에 생길 것입니다. 각 센터마다 4~5명의 직원이 있습니다. 대학을 졸업한 지 얼마 안 된 사람들과 사무국장급 활동가 출신으로 구성됩니다. 성향을 보면, 그저 일자리를 찾아온 친구들도 있고, 활동가 훈련을 받은 친구들도 있습니다. 그런데 활동가로서 조직화 경험을 하고 훈련된 사람은 사무국장급인데 아직은 소수라 할 정도입니다. 제가 계속 신호를 보내는 것은 '칸막이구조 안에 들어앉아 있으면 안 된다'는 것입니다. 행정 입장에서 보면 '센터가 이 업무를 하는 것이 맞나?' 싶은 활동을 제안하기도 합니다. 어떤 센터에서는 그냥 일자리로 들어왔다가 활동가로서 성장하는 경우도 있습니다. 원래는 마을 사무장 역할을 했는데, 주민자치 활동에도 참여하고, 중심지활성화사업에도 관여하는 등 여러 가지 일에 열심히 나서는 활동가도 있습니다. 그러나 전체적으로 보면 직업적으로 안정성이 부족하기에 계속 물갈이 현상이 예상됩니다. 그럼에도 활동가로서 활동했어도 행정과 만나 일해본 경험이 없는 사람, 또 개별 활동에 집중하여 지역사회 전체를 바라보지 못한 사람, 그런 사람들이 지역사회에 상주하면서 스스로 성장할 수 있는 제도적 근거가 만들어졌다고 봅니다.

지금 단계에서 가장 크게 문제가 되는 것은, 수탁법인의 설립 문제입니다. 관련 민간조직들이 모여 네트워크형의 법인을 설립하는 것이 가장 힘들다 봅니다. 수탁법인이 있어도 위탁사업 외에 관련 보조사업이나 연구용역, 각종 서류 잡무 등으로 많이 힘들어 합니다. 앞으로 풀어가야 할 숙제가 많은 셈입니다. 마을만들기지원센터 안에 활동가로 성장할 친구들도 있고, 일자리로만 생각하고 출근하는 친구들도 있을 것입니다. 어쨌든 지역에서 계속해서 경쟁구도를 만들어줘야 합니다. 충청남도 전체에 60명 가량의 인원이 일하고 있습니다. 여기에다가 사회적경제지원센터, 공익활동지원센터 등의 인력을 고려하면 활동가 풀pool이 크게 형성된 셈입니다. 제가 제안했던 전략은 이런 것입니다.

　마을만들기지원센터의 모든 직원들이 활동가로서 성장하리라고 기대하지는 않습니다. 경쟁구도 속에서 활동가로 성장하는 친구도 있고, 탈락하고 아예 떠나는 친구도 있고, '내가 왜 행정의 수족 노릇을 계속 해야 하냐?'라며 나가는 친구도 있을 텐데, 나가서 지역에서 다른 일을 열심히 할 친구들이 있을 것입니다. 지금은 시·군 단위에 있지만, 마을 단위에서 혹은 읍·면 단위에서 활동하면서 배우고 눈물도 흘려볼 친구들이 나와야 할 것입니다. 그런 가능성을 만들어주려고 노력하고 있습니다. 그런데 마찬가지로 좌충우돌하고, 조직이 관료제화될 가능성은 분명히 있습니다. 여기에서 긴장구도를 계속 유지해 나갈 방안이 필요합니다. 지역에서 주민자치회가 조직되거나, 지역의 여러 가지 당사자 협의회가 만들어지고, 개별 협동조합 조직들이 등장하는 가운데 긴장구도는 계속 생길 것이라고 봅니다. 그런 장場, 기관, 진지 등이 구축되고 있는 과정이라고 봅니다. 제도 속에서 움직일 때 한계가 분명 있기는 하지만, 제도화를 통하지 않고서는 확산하거나 진지를 구축하는 일은 무리라는 생각이 듭니다. 자원봉사 형태로 조력자들을 조직할 시대는 아닐 것입니다. 지역 안에서 활동가들이 많이 등장하고 비판하고 문제제기하는 가운데에서 서로 긴장관계가 생기도록 해야 할 것입니다.

김정섭　마을만들기지원센터들이 해야 할 업무들 중에 국고보조금 사업과 연계되어 일정한 역할을 하는 것이 있을 것입니다. 다른 한편으로는 지방예산과 관련된 업무가 있을 것이고, 또 예산이 없어도 마을만들기지원센터 직원이라서 하는 일이 있을 것입니다. 국고보조나 지방예산으로 정해진 보조금 사업과 관련된 일을 아예 안 할 수는 없을 것입니다. 그런데 그런 쪽으로 업무가 너무 치우치면 중간지원조직으로서 정체성 위기가 오지 않겠습니까?

구자인 행정 직영으로 운영되는 센터는 제도적 측면에서 불완전한 중간지원조직입니다. 재량권도 약하고, 업무 자체가 행정을 대행하는 성격이 강합니다. 그래서 민간위탁 형태로 빨리 전환해야 한다고 봅니다. 여기에 민간위탁과 관련된 행정의 예산 집행 방식은 아주 복잡합니다. 구분해야 할 것이 있습니다. 민간위탁 형태로 운영되는 마을만들기지원센터의 경우, 도비 6,000만 원에 시·군비 1억 4,000만 원의 예산으로 4명의 직원이 일하는 것을 기본 모델로 만들려고 합니다. 최소한의 운영비인 것이죠. 여기에 사업비로 농식품부 시·군역량강화사업 예산을 결합시키면 됩니다. 결합방식은 위탁금, 보조금, 계약방식 등 여러 가지가 있을 수 있습니다. 도비 지원사업이나 시·군역량강화사업, 이 두 가지 모두 유연성 높고 시·군 센터의 재량권이 많은 사업입니다. 의무적 사업이라고 하기보다 사람을 기반으로 중간지원조직의 기본 역할에 충실하게 설계할 수 있습니다. 여기에 수탁법인은 행정과 협의하여 하고 싶은 사업을 선택하고 재량권을 확대해볼 수 있습니다.

어쨌든 민간법인의 역량을 키워야 한다는 게 제 입장입니다. 이런 법인이 우리 농촌에는 거의 없다시피 한 실정입니다. 기대한다면, 플루흐 교수가 말한 지역협동조합처럼 각 정책 영역이 결합된 네트워크형 법인으로 설립해야 한다고 봅니다. 이러한 역할을 중간지원조직에 상주하는 활동가들이 강력하게 맡아야 할 것입니다. 현재 중간지원조직의 업무량으로 보면, 4명을 기본 인력으로 설계하고 있는데, 조례에 명시된 기본업무를 담당할 수 있도록 하고 있습니다. 여기에 필요한 예산으로 농식품부 역량강화사업을 잘 활용하라고 권장합니다. 그런데 4명 상근 인력이 해야 하는 업무량을 고려하면 역량강화사업 업무가 과다하다고 생각합니다. 그래서 역량강화사업 예산으로 인력을 더 확충할 수 있어야 하는데, 기획재정부 지침으로 인건비를 집행할 수 없도록 되어 있어 복잡한 상황입니다. 중간지원조직에는 사람을 최대한 많이 배치하고 사업비 비중은 줄여야 한다고 주장하지만, 이를 해결하기에는 제도적 문제도 있어 시간이 걸리는 일이라고 봅니다.

김정섭 인건비 기반으로 해야 하는 기본업무라는 게, 예를 들면 어떤 것입니까?

구자인 주민상담이나 순회교육, 찾아가는 방문교육, 기초조사, 홍보·소통, 관련 기관단체들과의 대외협력 등의 업무입니다. 이를 유형화하여, 광역센터에서는 기본 업무로 조사와 분석, 소통과 홍보, 역량강화, 협력과 연대, 시·군 특별사업 등 5대 영역을 제시하고 있네요. 물론 중간지원조직 상근자는 현장을 많이 다녀야 하는데, 그러려면 인력 여유가 충분히 있어야 합니다. 그런데 의회와의 관계 속에서 이 문제를 풀기가 쉽지 않습니다. 기본 인력에 비해 업무량이 과다한 것은 분명합니다. 하지만 초기 단계이기에 업무가 정리되지 않고, 경험이 축적되지 않은 상태에서 나타나는 숙제로 볼 수도 있습니다. 매년 유사한 업무를 반복하면서 경험을 축적하면 센터 자체는 말 그대로 기본업무에 충실하면 될 것입니다.

그런데 저는 지원센터 자체를 키우는 것보다는, 수탁법인을 훨씬 더 키워야 한다고 제안하고 있습니다. 법인 산하의 연구소를 만들어야 하고, 그 연구소가 보조사업이나 계약사무(컨설팅, 소액 연구용역 등)를 담당케 하는 게 좋다는 구상입니다. 그래야 법인이 성장하는 과정에서

센터에서 훈련받은 친구가 법인으로 넘어와 일할 수 있는 구조가 될 것입니다. 또 센터에서 훈련받은 상근자들이 독립하여 새로운 창업을 시도하거나 다른 기관의 활동가로 전환할 수도 있을 것입니다. 이렇게 다양한 경로를 고려하면서 지역사회 내에 인재풀이 축적될 수 있도록 큰 그림이 필요합니다.

현재 마을만들기지원센터가 농업 영역과 관련해 어떻게 결합할 것인가라는 문제도 있습니다. 센터 상근자 대부분이 농사지은 경험이 있는 것도 아니라, 농민들의 애로사항을 충분히 이해할 수 없습니다. 게다가 행정의 담당 부서는 농업정책과 대부분 분리되어 있습니다. 그렇지만 마을공동체농업이나 마을공동체복지, 마을교육공동체 등 관련 영역과의 협력을 계속 강조하고 있습니다. 이러한 연대와 협력의 관점을 놓치고 주어진 기본 사업에 빠지다 보면 행정의 뒤치다꺼리를 하는 것밖에 되지 않는다는 것을 반복해서 말하기는 합니다. 당분간 시간이 걸릴 숙제이고 관련 기관·단체와 협력하여 풀어가야 할 것으로 기대합니다.

김정섭 어찌하다 보니 이야기가 길게 흘러왔습니다. 구자인 박사님께서 오늘 말씀을 많이 해주셨는데요, 끝으로 전체를 요약해주십시오.

구자인 '농민 농업'과 '지역협동조합'이라는 두 열쇳말을 마을만들기 관점에서 어떻게 담아낼 것인가를 중심으로 말씀을 많이 드렸습니다. 읍·면 주민자치위원회가 주민자치회로 전환되는 것이 최근의 흐름인데, 중요한 기회라고 봅니다. 중앙정부 부처들 중에서는 행정안전부, 보건복지부, 국토교통부 3자가 협약을 통해 협력하기도 하는데, 주민자치회 전환 논의과정을 함께하고 있습니다. 읍·면이라는 주민생활권 단위로 사람과 조직, 물리적 인프라 구축 등을 종합적으로 접근하는 전략이 우리에게 필요하다고 봅니다. 관련된 정책사업 예산을 잘 활용해 농촌 사회를 지속가능하게 재편할 전략이 필요한데, 농식품부는 큰 그림을 그리지 못하고 있다고 봅니다.

제 나름대로 여러 경로로 문제제기를 하고 있는데 아직도 큰 변화는 없습니다. 주민조직화와 현장 주체 형성 등에 대한 관점이 기본적으로 약하고, 대형 사업마다 역량강화사업을 결합시키고는 있지만 컨설팅업체에 일을 맡겨서 사업만 시행하면 된다는 입장이 강합니다. 중앙정부 차원의 변화는 느리게 나타날 수밖에 없다고 보입니다. 그래서 지방자치단체 수준에서 별도의 노력이 있어야 할 듯합니다. 충남에서 시·군마다 통합형 중간지원조직을 설치해서 상근 활동가의 거점조직으로 성장할 수 있도록 지원하는 전략은 이런 문제의식을 담고 있습니다. 아직은 2015년에 시작하여 5년차에 불과하고 시·군마다 편차가 있지만, 전체적으로는 큰 변화의 단초를 확인하고 있습니다. 이런 과정과 내용을 비판적으로 검토하면서, 많은 분의 응원과 협력을 기대합니다.

서평

책 너머 삶을 읽다

촘스키가 없는 미국은 얼마나 끔찍할까 | 장정일
새로운 지역공동체를 위한 마을 속의 집 | 정기황

촘스키가 없는 미국은
얼마나 끔찍할까

장정일
시인, 소설가

생존하는 반체제 지식인 가운데 놈 촘스키Noam Chomsky(1928~)만큼 한국에 널리 소개된 미국 지식인은 따로 없을 것이다. 그의 본령은 언어학이지만 '지식인의 책무'를 감당하기 위해 그가 쏟았던 노력은 『숙명의 트라이앵글[1983]』(이후, 2008)과 『불량 국가―미국의 세계 지배와 힘의 논리[2000]』(두레, 2001) 같은 저작으로 드러났고, 특히 그가 에드워드 S. 허먼과 함께 쓴 『여론조작―매스미디어의 정치경제학[1988]』(에코리브르, 2006)은 현대 미디어 분야의 고전으로 꼽히고 있다. 한국에 촘스키의 저작이 넉넉하게 알려진 데에는 그의 '사도使徒'나 같은 전문 번역가 강주헌의 노력이 크다. 이번에 읽게 된 『문명은 지금의 자본주의를 견뎌 낼 수 있을까』(열린책들, 2019)도 그의 번역이다.

  이 책은 촘스키가 1969~2013년 사이에 쓴 글 가운데 그의 사상을 가장 잘 압축하고 있는 7편의 글을 모았다. 아직 그의 글을 한 번도 만나보지 못한 독자 중에 그의 책을 읽어보고 싶은 이가 있다면, 이 선집으로 촘스키가 40년 넘게 강조해온 여러 주장의 핵심을 파악할 수 있다.

이 책의 표제가 된 첫 번째 에세이에서 촘스키는 "자본주의와 민주주의는 결코 양립할 수 없습니다"(34쪽)라고 말한다. 그는 미국의 이데올로기인 '자유시장 자본주의'(=자유민주주의)가 실상은 엘리트 정치가와 독점 자본가들이 결탁한 금권주의plutocracy라고 말한다. 그가 여러 책에서 번번이 언급하는 금권주의 사례는 1940년대부터 1950년대까지 줄기차게 건설된 미국의 고속도로망이다. 미국의 자동차 회사와 정유회사는 자신들의 상품을 더 팔기 위해 전국의 철도망을 해체하고 고속도로를 만들었다. 하지만 최근의 촘스키는 좀 더 새로운 사례를 애용한다. 2008년 미국의 금융위기는 예견된 위기였으나, 금융사들이 무슨 짓을 하든 위기 직전까지는 '자유시장'의 영역이었다. 하지만 막상 사고가 터지고 나서는 자유시장을 지키기 위해 막대한 공적 자금이 투여되었다. "대중은 자유 기업 제도의 비용과 위험까지 떠안아야 한다"(「'동의 없는 동의'」, 150쪽). 자동차 회사와 정유회사를 위한 고속도로 건설 비용이 납세자들의 호주머니에서 나왔듯이, 겉으로는 자유시장이라면서 대기업과 금융사가 위기를 맞을 때마다 그들을 구원하는 이들도 납세자들이다. 한국인들에게는 '대마불사大馬不死'로 더 잘 알려진 이런 정치경제 시스템을 가리켜 촘스키는 금권주의라고 말하고 있는 것이다.

군산 복합체라는 용어는 1961년, 미국의 34대 대통령 아이젠하워가 퇴임 연설에 사용하면서 유명해졌지만, 이 용어가 내장한 문제의식을 집요하게 환기시킨 지식인도 촘스키다. 앞서 나온 고속도로망은 1950년대에 '국방 고속도로'로 불렸다. 미국 정부는 국민의 동의를 손쉽게 얻기 위해 "러시아가 침략하면 미사일을 전국에 신속히 옮겨야 하기 때문에 고속도로가 절실히 필요하다"(「인간 지능과 환경」, 62쪽)는 선전을 펼쳤다. 군산 복합체가 유지되기 위해서는 자본가뿐 아니라,

무기를 개발할 과학자와 대학 연구소가 필요하며, 이렇게 비대하게 구축된 군수 산업체는 미국민의 '일자리'를 창출하게 된다. 그렇게 하여 미국 정부는 '일자리'를 "국민의 정신을 통제하는 새로운 기법"(「'동의 없는 동의'」, 152쪽)으로 활용할 수 있다(즉 전쟁이 필요할 때 호전적인 지지자를 얻게 된다).

미국의 많은 핵심 기업들이 국가의 보조금을 받듯이, 군수 산업체 역시 국가 안보를 구실로 막대한 보조금(연구개발비)을 받는다. 정부가 군수 산업체에 공적 기금을 몰아주기 위해서는 국방비 예산을 증액해야 하는데, 이럴 때 꼭 있지 않으면 안 되는 것은 '새로운 전쟁'이 아니다. 국방비를 증액하기 위해서는 새로운 전쟁보다 "새로운 적"(「'동의 없는 동의'」, 151쪽)에 대한 위험을 부풀리는 게 훨씬 쉽다. 실제로 미국은 소련이 패망한 이후, 이라크·북한을 '악의 축'으로 지목했고, 현재는 중국이 그 자리를 대신하고 있다.

촘스키가 미국 주류 언론으로부터 반미주의자로 불리는 것은 그가 미국의 예외주의와 이중적인 외교정책을 날카롭게 비판해왔기 때문이다. 미국은 자신의 이익이나 의도가 관철되지 않을 때 미국 예외주의를 앞세워 국제연합UN의 모든 협의를 묵살해왔다. 트럼프는 2017년 지구온난화 방지를 위한 파리기후협약Paris Climate Change Accord 탈퇴를 선언했지만, 이는 트럼프가 '미친 개'처럼 별나서가 아니다. 미국은 그보다 더 오래 전에 온실가스 감축을 목적으로 체결된 2005년 교토의정서京都議定書(교토기후협약)도 비준하지 않았다. 뿐 아니라 미국은 국제사법재판소의 강제 사법권을 인정하지 않는다. 미국은 "보편성의 원칙에 제약을 받지 않는 예외적 국가"(「단순한 진리, 그러나 어려운 문제」, 95쪽)이다. 미국의 이중적인 외교정책은 중동정책에서 두드러지는데, 미국은 이스라엘의 이익을 자국의 이익과 동일시하면서 아랍을 적으로 간주한다. 미국은 이스라엘이 팔레스타인에서 저지른 악행을 모르쇠 하는 정도가 아니라, "이스라엘에 특별한 지위를 부여하고, 그 기준에 따라 '도덕적 세계'를 재구성"(「나는 예외다」, 235쪽)해왔다. 그 결과가 2001년에 벌어진 9·11이다. 이 사실을 미국인만 모른다.

민주주의의 가장 간명한 사전적 정의는 '민중에 의한 지배'이다. 하지만 촘스키는 여러 저작에서 미국의 양당체제는 "엘리트 계급이 결정하는 민주주의"(「단순한 진리, 그러나 어려운 문제」, 92쪽)로 전락한 지 오래라고 말한다. 그는 미국의 민주주의가 이렇게 망쳐진 이유가 미국의 건국 기원에 이미 깃들어 있다고 본다. 미국 건국의 아버지들 Founding Fathers은 민중의 손에 의사결정권이 들어갈 것을 우려하는 한편, 재산권을 최우선적인 가치로 삼았다. 촘스키는 "연방헌법은 본질적으로 당시의 민주적 추세를 억누르려고 설계된 귀족주의적 문서"(「'동의 없는 동의'」, 168쪽)였다는 역사학자 고든 우드의 주장에 동의한다.

촘스키는 미국의 민주주의가 엘리트들의 독점으로 치닫는 원인 가운데 하나로 지식인의 나태와 협력을 꼽는다. "규범은 권력자가 자신에게 이익이 되는 방향으로 설정하고, 책임 있는 지식인들의 찬사가 더해지며 결정되는 것입니다"(「단순한 진리, 그러나 어려운 문제」, 75쪽). 그는 이 책에 실린 「신성한 살인 면허」와 「나는 예외다」에서 각기 라인홀드 니부어(『도덕적 인간과 비도덕적 사회』의 저자)와 마이클 왈저(『마르스의 두 얼굴—정당한 전쟁. 부당한 전쟁』 등 많은 책이 번역되어 있다)를 권력의 선전을 실어 나르는 배달꾼으로 비판하고 있다. 두 글은 미국 예외주의와 미국의 이중적 외교정책에 두 눈을 감은 맹렬한 체제 선전꾼들의 정체를 적나라하게 보여준다.

이 선집의 마지막에 실려 있는 「지식과 권력」에서 촘스키는 "지식인이라면, 억압하는 엘리트와 한편이 되려는 유혹을 견뎌내야 한다.

지식인이라면 억압에 정면으로 맞서고, 자신이 옹호하는 가치를 지키기 위해서 싸워야 한다"(289쪽)라고 말한다. 촘스키의 지식인론은 "불의와 억압에 실천적으로 저항하고, 더 낳은 사회를 잉태하는 데 도움을 주려고 노력"(247쪽)한다는 뜻에서 에밀 졸라에서 장 폴 사르트르로 이어지는 구미의 전통적인 지식인 계보를 잇는다. 하지만 촘스키의 전통적(유기적) 지식인론은 그것이 발생한 프랑스 출신 철학자 미셸 푸코에 의해 거부된 바 있고, 이 주제를 놓고 촘스키와 푸코는 네덜란드에서 한 차례 격돌했다. 『촘스키와 푸코, 인간의 본성을 말하다』(시대의창, 2010)에는 1971년 11월, 네덜란드의 텔레비전 프로그램에 초대되어 세 시간 동안 토론했던 내용이 기록되어 있다.

푸코는 전통적인 지식인론이 가능하기 위해서는 보편적인 인간 본성이 전제되어야 하는데(그래야 '정의'에 대해 합의할 수 있으니까), 인간 본성이란 보편적으로 존재하는 것이 아니라 늘 특정 시대의 산물일 뿐이라고 말한다. 때문에 지식인은 전문적인 지식(권력)으로 전문적인 지식(권력)에 맞설 수 있을 뿐, 보편적인 정의를 내세우는 것 자체가 "폭력과 전쟁"(78쪽)을 부를 수 있다고 말한다. 여기에 대해 촘스키는 "인간성human qualities의 내부에 뭔가 절대적인 기반이 있다"(80~81쪽)면서, 보편적인 정의를 제시하고 추구하는 것은 불가능하지 않다고 말한다. 그러면서 "어린이치고 블록을 가지고 뭔가 만들려 하거나, 뭔가 새로운 것을 배우려 하거나, 그 다음 과제에 도전하려고 하지 않는 어린이를 본 적이 없"(86쪽)다면서, 정의를 제시하고 추구하는 것 역시 인간의 본능이라고 역설한다. 누가 알려주지 않아도 블록을 가지고 놀려는 것이 어린아이의 본성인 것처럼, 어른들도 본성적으로 정의를 추구한다는 말이다. 이는 인간의 언어 능력은 타고난 것이라고 말하는 자신의 언어이론(변형생성문법)을 정의에도 적용한 것이다.

새로운 지역공동체를 위한 마을 속의 집

정기황
건축가

최근에 발간된 류현수의 『마을을 품은 집, 공동체를 짓다』(도서출판 예문, 2019)는 저자가 건축이라는 도구로 해체된 공동체를 바로 세우고자 하는 과정을 담고 있다. 이 책에서 저자는 제목에서부터 내용까지 '공동체'라는 용어를 수없이 반복해 사용한다. 더 나아가 '공동체주택', '공동체성'까지 강하게 규정하고 있다. 그럼에도 불구하고 저자가 생각하는 '공동체'의 의미가 명확하게 전달되지 않는다. 이 책의 내용은 주로 저자가 오랜 시간 참여한 대안건축 프로젝트를 통해 축적한 경험을 감성적으로 서술한 것에 가까우므로, 학문적 엄밀성을 따지는 것은 의미가 없다. 다만, 최근에 유행처럼 사용(남용)되는 '공동체'라는 용어를 한 번 짚고 넘어가는 것이 이 책의 내용을 온전히 이해하는 데 도움을 줄 수 있겠다.

이 책에서 저자가 그토록 갈구하는 '공동체'란 무엇일까

일반적으로 '공동체'는 자본주의 이전이나 전근대적 사회의 산물로 표현된다. 사적 소유와 계급적 지배가 없고 폐쇄적인 작은 사회에서 공동체가 성립·지속될 수 있다고 보기 때문이다. 당시의 공동체는 토지 등의 공동자원commons을 토대로 공동노동을 통해 생산하고, 공동으로 삶을 영위하는 공동사회였다.

'공동사회'[1]는 일종의 상호의존적 운명공동체로서, 혈연에 근거한 가족, 지연으로 이루어진 촌락 등이 이에 해당된다. 이것과 대조적인 개념으로 사회가 확대되고 개방됨에 따라 형성된 '이익사회'가 있다. 회사나 정당 등이 이에 속한다. 퇴니에스는 결합의지에 따라 공동사회와 이익사회를 구분하고, 공동사회에서 이익사회로 이행되는 과정을 설명한다. 더불어 공동사회와 이익사회의 중간에 위치한 '협동사회'[2]가 있다. 협동사회는 지배관계를 포함하지 않는 사회관계로서 형제관계를 원형으로 하는 협동형 사회관계에 기초한다.

한국 사회에서는 자연적 본질의사로 결정된 공동사회Gemeinschaft, 지역자치를 구현한 코뮌commune, 생활권과 사회권을 중심으로 한 커뮤니티community, 여성해방을 위한 공동주거에서 시작된 콜렉티브collective 등의 개념들을 시대적·지역적 맥락과 무관하게 모두 '공동체'로 번역해 사용하면서 공동체라는 말의 개념적 혼란이 심각한 상태다. 심지어 이익사회Gesellschaft나 협동사회Genossenschaft조차도 동일하게 '공동체'로 번역해서 사용하기도 한다. 이런 이유에서인지 한국 사

---

[1] 페르디난트 퇴니에스Ferdinand Tönnies는 '공동사회Gemeinschaft'를 실재적·자연적 본질의사에 따라 공동생활을 영위하는 유기체적 집합체로, '이익사회Gesellschaft'를 서로가 같은 이익을 달성하기 위해 선택의지에 의해 결합된 기계적 집합체로 규정한다. 이하 공동사회와 이익사회에 대한 논의는 페르디난트 퇴니에스의 『공동사회와 이익사회: 순수사회학의 기본개념Gemeinschaft und Gesellschaft[1912]』, 곽노완·황기우 옮김, 서울시립대학교 도시인문학번역총서 7(라움, 2017) 참조.

[2] 역사법학자 오토 폰 기르케Otto Friedrich von Gierke는 협동사회Genossenschaft를 이익사회 중에서 공동사회적 성격이 강한 집단이라고 규정한다.
https://terms.naver.com/entry.nhn?docId=1059010&cid=40942&categoryId=31614

회에서 '공동체'에 대한 일반적 인식은 '혈연·지연을 기초로 한 유교적 가족(민족)공동체'이거나 '공통의 이익 달성을 위해 구성된 이익사회' 정도로만 추상적으로 규정된다. 그것도 내용 없는 형식만 남아있고, 발전적 담론이 아닌 고정된 진리이자 이데올로기적 도구로 사용되는 경우가 많다.

이러한 현상은, 한국에서 '공동체'라는 용어가 일제강점기 초부터 사용되기는 했지만, 독재를 통한 자본주의적 압축성장기 이후인 1980년대에 급격히 사용 빈도가 높아지기 시작해 1990년대에 집중적으로 사용된 흐름과 맥을 같이한다. 또한 '공동체'라는 말이 호명되는 방식을 보면, '민족공동체', '생활공동체', '지식공동체', '시민공동체', '경제공동체' 등 국가가 주도하는 시민(계몽)운동의 구호로 사용되었다.[3] 이런 일련의 상황을 통해서, 1960~1970년대에 국가 차원에서 경제적으로는 사용가치를 교환가치로 환원해 사유화했고, 정치적으로는 민주(자치)주의를 전체주의로 환원해 획일화함으로써 기존 공동체의 해체를 가속화했음을 유추해볼 수 있다. 이런 근거는 한국 사회에서의 공동체 개념을 엿볼 수 있는 말들의 변화를 살펴보면 잘 드러난다.

[3] 1920~1999년의 신문기사를 '공동체'를 키워드로 검색(https://newslibrary.naver.com)해보면, 전체 30,170건이 검색된다. 연 단위로 보면 1920~1961년에는 연간 100건 이내, 1962~1979년에는 연간 200건 이내로 나타난다. 1980년부터는 기하급수적으로 증가해서, 1989년에는 3,278건이고 1993년까지 3,000건 이상이다. 1993년 문민정부가 들어선 이후 1994년부터는 1,000건 내외를 유지하는 양상을 보인다. 이는 독일 통일(1990)로 한국 통일 여론이 많았고, 유럽공동체의 유럽연합 창립(1994) 등의 국내외 동향에 맞추어 국가 차원의 공동체 구현이 중요했기 때문일 것으로 보인다. 따라서 1990년대 공동체 기사의 내용과 제목은 대체로 '국가(민족), 경제, 종교' 등 거시적 용어들이 수식하고 있다. 당시의 공동체에 대한 인식은 당시 대통령 노태우의 연초 고위 인사들과 나눈 대화 "공동체의식 가져야: 노태우대통령은 4일 하오 청와대 영빈관에서 3부요인과 국무위원, 국회간부, 대법관, 군 간부 등 1백60명과 새해인사를 나누는 자리에서 "연초 신문들을 보니 공동체의식을 가져야겠다는 것이 대체적 기조이며 국민의 바람인 것 같더라"며 "공동체의식으로 우리들의 구심점을 마련한다면 민족문제든 정치문제든 해결되지 못할 일이 없을 것"이라고 강조《경향신문》1989. 1. 5)"했다는 기사에서 잘 드러난다.

공동체에 필요한 집은 '마을을 품은 집'인가, '마을 속의 집'인가

'마을'은 '마실'과 같은 어원으로 '여러 집이 모여 사는 곳'이고, '이웃과 교류'한다는 의미를 담고 있다. 도시에서는 '마을' 단위를 '계'로 구분하기도 했다. '계'는 일정한 집단을 의미한다. '두레'와 유사한 의미다. '두레'는 '두르다'라는 의미로 여러 사람이 모여 있는 상태를 뜻하고, 농사일 등을 나누는 뜻의 '농계' 등으로 사용되기도 했다. '마을'은 공동체의 다른 표현에 가깝다.

'주거住居'는 삶의 공간으로 '마을'과 '공동체'를 전제하는 개념이다. 선조들은 '건축'이라는 용어가 아닌 '조영造營' 또는 '영조營造'라는 말을 사용했다.[4] 조영과 영조라는 말은 자연과 마을, 삶 등 다양한 조건들을 다스리고, 경영해 짓는다는 의미를 담고 있다. 이같은 의미는 공동자원과 공동노동을 기반으로 한 공동체 사회에서 스스로 함께 살기 위한 당연한 호혜였고, 상식이었을 것이다. 하지만 근대화와 자본주의화에 따라 '조영'은 '건축'으로 의미가 축소(전문화)되었고, '주거'의 사용가치는 '주택'이라는 교환가치로 전락했다. 이외에도 '공동체'의 기본적 덕목인 '공동자원commons'은 '공유share'[5]로, '공동사회Gemeinschaft'는 '이익사회Gesellschaft'로 변화되었다. 간단히 정리하면, 공동체의 해체는 모든 가치판단의 기준이 '경제적 합리성'에만 맞춰지면서 각각의 가치가 개별화되고 파편화되어온 결과라고 할 수 있다.

저자 류현수의 말처럼 "도시를 가지며 마을을 잃은"(24쪽) 것이라

---

4 근대학문으로서 '건축'이 한국에 도입된 것은 1907년 공업전습소의 목공과를 통해서다. 따라서 영조(조영)라는 용어는 근대학문 도입 이전에 사용된 것으로 볼 수 있다.

5 커먼즈commons는 '공유'로 통일되어 번역되는 것이 적절하지만, '공유'가 경제적 셰어링에 국한되어 통용되기 때문에 커먼즈의 본디 개념을 제대로 전달할 수가 없게 되었다. 따라서 현재 한국에서 커먼즈는 통일된 번역어 없이 '공동자원', '공유지', '총유' 등 용법에 따라 사용되고 있다.

기보다, 국가 주도의 자본주의식 개발독재로 마을이 해체된 것이다. 또한 저자는 이렇게 마을을 잃었기에 "마을을 집 안으로 가지고 들어오자!"(24쪽)라고 주장하고 있다. 하지만 저자 자신도 오히려 "대부분의 문제는 마을 안에서 다 해결할 수 있다"(24쪽)고 말하듯이, 마을을 자체적으로 갈등 해결이 가능한 자치체自治體로 생각했다면, 도시를 문제 삼기보다는 집이 아니라 도시에 적합한 공동체와 마을의 자치적 대안을 내놓았어야 한다. 도시건축[6]적으로는 압축성장의 산물인 아파트와 공동체주택의 차이에 대해 명확히 답했어야 한다. 정책적으로 주택의 대량 공급에만 치중한 기존 아파트의 문제[7]는, 커뮤니티실 등 물리적 공간의 부재 때문이라기보다는 도시·사회·공공과의 접점에 대해 고민하지 않고 폐쇄적으로 집단사유화에 치중했기 때문에 발생된 것이다. 따라서 커뮤니티실[8], 셰어하우스, 옥상정원, 마당이라는 내부 공

---

[6] 도시urban는 크게 건축물·도로·필지로 구성되고, 이를 도시조직이라 부른다. 도시는 이 3요소들의 유기적 관계로 이루어진다. 그럼에도 학문적으로 도시, 건축으로 분류되어 있기 때문에 분리해 보는 경향이 있다. 예를 들어 아파트 문제는 아파트라는 건축 유형만의 문제가 아니다. 아파트 건설은 필지의 합필, 도로 신설 등으로 도시를 재편한다. 따라서 이 글에서는 '도시건축'이라는 용어로 도시의 유기적 관계를 표현한다.

[7] 법적으로는 '공동주택'이고, 한국적 맥락을 고려해 명확하게 표현하면 '아파트 단지'이다. 아파트는 어느 나라에나 있지만, 아파트 단지는 그렇지 않다. 아파트 여러 동이 묶인 단지에는 놀이터, 도로, 공원을 포함해서 공공재는 없다. 오로지 입주민들이 1/n로 소유하고 있는 사유재이다. 한국의 사유재산(부동산)의 권리구조는 수익권, 처분권, 사용권 전체가 소유주에게 주어져 있는 절대적이고 배타적인 소유권을 인정하고 있다. 따라서 아파트 단지는 이익관계로 묶인 극도로 폐쇄화된 이익사회의 한국적 형태라 할 수 있다.

[8] "원룸형 셰어하우스를 지으면서 필자는 특히 반지하 커뮤니티실에 집중했다. 뭐니 뭐니 해도 셰어하우스의 핵심은 함께 식사를 할 수 있는 장소다. 원룸은 부유하듯 파편적인 관계로 남을 위험이 많은 공간이다. 그러므로 문을 열고 함께 대화하고 함께 식사를 함께할 공용공간이 무엇보다 절실하다. 먼저 커뮤니티실에 공동주방 홀을 만들었다. 세입자들이 자유롭게 드나들고 함께 공유할 수 있는 공간이 되도록 각별히 신경 썼다. (중략) 이 건물은 수익성을 일부 포기하면서 지역 공동체에 도움을 준 아주 좋은 사례라고 할 수 있다." 류현수 지음, 『마을을 품은 집, 공동체를 짓다』(도서출판 예문, 2019), 146쪽.

간을 만드는 것이 답이 될 수는 없다. 저자의 말처럼 입주자 간의 교류는 매우 중요하다. 하지만 이 책에서 사례로 들고 있는 공동체주택은 새로운 마을이 아니라 기존 마을의 일부에 새로운 공동체를 만드는 것이었다. 새로운 공동체는 입주자와 그들의 집뿐만 아니라 기존 마을주체와 마을공간에 대한 도시건축적 대안을 제시하며 기존 마을의 일부가 되었어야 한다. '마을을 품은 집'이 아닌 '마을 속의 집'이 되는 방법을 통해서 말이다.

이 책에서 저자가 말하는 '공동체'의 의미는 모호하다. 왜냐하면 개념적으로 간극이 큰 내용을 동시에 다루고 있고, 건축의 한계를 설정하고 있지 않기 때문이다. '공동체'라는 기준으로 시행된 사례로만 볼 때, 저자가 말하는 공동체는 협동형 사회관계를 추구하는 이익사회에 가깝다. 앞으로 해야 할 일이 많고, 가야할 길이 멀다. 그리고 그 해답은 공동체의 역사 안에 있다.

그렇다면 지금 우리에게 필요한 '공동체'를 위해 우리는 무엇을 해야 할까

현대인은 전통적 사회와 달리 혈연·지연에 기대지 않고, 생활범위나 직업과 무관하게 자율과 다양성에 기초한 도시적 생활태도와 도시적 삶을 추구한다. 따라서 농촌과 도시라는 물리적 환경으로서의 분류는 무의미해졌다. 그럼에도 서로의 문화적 공감대, 자치의 구현, 생존의 기반인 공유지로서의 지역과 호혜·자율·자치가 강조된 협치를 지향하는 운영원리는 여전히 유효하다. 다만, 공동체 구성과정에서 혈연·지연을 넘어선 협동사회에서 추구하는 협동형 사회관계의 구축이 필요하다. 이를 위해 '경제적 합리성'에만 치중되어 사유화된 사유지를 공유지로 되돌려 공동체의 기반을 만들고, 개별화와 파편화로 인해 그 권리가 약화된 개인들의 사고와 가치의 다양성을 존중하며 공동선을 지향하는 호혜성을 회복해야 한다. 도시건축적으로는, 각각의 공간을 잇는 접점공간을 폐쇄하지 않고 적극 개방해서 활발한 개입과 만남이 가능한 유기적 공간을 구현해야 한다. 즉, 사람(구성원), 주거, 그리고 마을의 상관관계를 서로 인정하고 함께 만들어가는 호혜적 공유화 과정commoning이 필요하다.

저자들

구자인

마을만들기 방법론으로 지역 문제를 해결할 수 있다는 생각에 생태학, 환경정책, 도시계획 등을 공부하고 서울의 실천 현장도 돌아다녔다. '농촌이 살아야 도시 문제도 해결된다'는 것을 깨닫고, 일본 유학을 거쳐 2004년 12월부터 전북 진안군청 계약직 공무원으로 만 8년간 근무했다. 민관협치의 정책 시스템에서 중간지원조직의 중요성을 강조하며 진안군마을만들기지원센터를 설립하고 2년간 센터장을 맡은 후 2015년 3월부터 충남으로 넘어와 광역 단위 활동을 하고 있다.
gujain@hotmail.com

김귀영

서울에서 태어나 자라며 학업을 마치고 스스로 '농촌DNA'가 있음을 알게 되어, 농촌에서의 삶을 꿈꾸며 홍성YMCA 간사 자리를 통해 홍성에 정착했다. 이후 홍성풀무생협 판매부장과 홍성여성농업인센터 대표로 일했으며, 현재 농식품부 산하 공공기관인 농정원 귀농귀촌종합센터장으로 일하고 있다. 농촌 현장이 요구하는 바를 행정의 언어로 풀어내기를 바라면서 일하고 있다. 퇴직 후에는 농업 기반 창업을 하는 것이 꿈이다.
nongwoo64@epis.or.kr

김기흥

1999년 자매학교 프로그램으로 일본으로 넘어가 동경농업대학을 졸업하고 동경대학대학원 농업자원경제학전공으로 박사학위를 받았다. '유기농업의 역할과 과제: 일본과 한국 비교연구'라는 제목으로 박사논문을 썼으며 일본과 한국, 태국, 베트남의 유기농업을 연구해왔다. 일본학술진흥재단 외국인특별연구원과 동경대학 동양문화연구소 특임연구원을 거쳐 2014년 3월부터 충남연구원에서 근무하고 있다. 최근에는 귀농귀촌, 청년농업인 등을 연구하고 있다.
kihuengkim@gmail.com

김정섭

한국농촌경제연구원 연구위원, 마을학회 일소공도 운영위원.
농촌의 지속가능성을 화두삼아 연구하고 있다. 적게 먹고, 삼천 권의 책을 읽고, 산책하고, 가끔 벗이 찾아오면 시절時節을 평評하며 지내고 싶다. 몰라도 아는 체해야 하는 전문 지식 행상을 강요하는 체계와 불화不和하고 싶다. 그러나 뜻대로 되지 않는다는 걸 배우며 산다.
jskkjs@krei.re.kr

박영선

마을학회 일소공도 공동운영위원장 및 편집위원장.
《또 다른 시간》,《인왕산과인왕산과》 등의 개인전,『지역아카이브, 민중 스스로의 기억과 삶을 말한다』,『풍경 너머 풍경』,『체계와 예술』,『연결합도시』 등의 공저,「예술적 실천으로서의 디지털 아카이빙과 사진의 상호관계」,「아카이브 다시 그리기」 등의 연구논문이 있다. 사진아카이브연구소 책임연구원과 고등과학원 초학제연구원을 지냈다.

이경민

사진아카이브연구소 대표. 사진 평론과 전시 및 출판 기획 등의 일을 해왔으며, 한국 사진사 연구와 근대 사진 아카이브 구축을 위해 노력하고 있다. 기획한 주요 전시로는《벽의 예찬, 근대인 정해창을 말하다》(일민미술관, 2007),《오월의 사진첩》(광주시립미술관, 2008),《임응식—기록의 예술, 예술의 기록》(국립현대미술관 덕수궁미술관, 2011),《사진가 구보 씨의 경이의 방》(SPACE22, 2017),《프레임 이후의 프레임》(대구미술관, 2018) 등이 있으며, 2012년부터 2014년까지《서울사진축제》(서울시립미술관/서울역사박물관) 감독을 역임했다. 지은 책으로『기생은 어떻게 만들어졌는가』(2005),『경성, 사진에 박히다』(2008),『제국의 렌즈』(2010),『카메라당과 예술사진 시대』(2010),『경성, 카메라 산책』(2012),『대한제국과 한일관계』(공저, 2014),『박정희 시대의 사진표상과 기억의 소환』(2017) 등이 있다.

이영섭

중학교 2학년 때, 아버님께서 선물로 주신 플라스틱 카메라와 서점에서 구입한 문고판 사진입문서로 사진을 독학으로 배웠다. 대학에서는 전자통신공학을 전공했고 관련 회사에서 20년 근무했다. 요세미티 국립공원의 사진을 보고 감명 받아 사내 사진클럽에서 열심히 풍경사진을 촬영하러 다녔으나, 내 것, 나의 사진이 아니라는 것을 자각했다. 회사를 그만둔 후, 사진작가의 제자가 되어 사진을 다시 배우기 시작했고, 대학원 사진과에 입학했다. 이후 박사학위를 받을 때까지 만 8년 동안 사진만 공부했다. 박사학위 논문 「2번 국도 마을 풍경」 작업 이후 계속해서 대한민국 농어촌 마을 주민들의 소박한 삶의 아름다움을 찾아다니고 있다.

장정일

1962년 경북 달성 출생. 1984년 무크지 『언어의 세계』에 시를 처음 발표한 이래 여러 장르의 글을 써왔다. 대표작으로 시집 『햄버거에 대한 명상』(1987), 『길안에서의 택시잡기』(1988) 등이 있다.

정기황

건축학과에서 근대도시 서울의 변화과정에 대해 공부했고, 주로 일제강점기와 군사정권기 충격으로 인한 도시와 주거의 적응과정을 기록해 건축학 석·박사학위를 취득했다. 서울시립대 도시사회학과, 한남대, 서울시민대 등에서 도시사, 건축설계, 건축계획 등을 강의했다. 현재는 사단법인 문화도시연구소 소장으로 '북촌: 경복궁과 창덕궁 사이의 터전(서울역사박물관)' 등 장소인문학적 도시연구를 진행하고 있다. 또한 2002년부터 지속해온 아동청소년 건축교육프로그램인 'K12건축학교', 사회적 소외계층을 건축적으로 지원하기 위한 건축자원봉사 프로그램 '집짓기'를 진행하고 있다. 이외에도 지역문화예술단체인 공유성북원탁회의(2017 공동위원장), 우주·동네 그리고 예술공간 선잠52 대표로 대안공간을 운영하고, ㈜엑토종합건축사사무소 소장으로 건축설계를 하고 있다.
junggaga@gmail.com

정민철

협동조합젊은협업농장 이사. 풀무학교 전공부에서 근무하던 중 2012년 전공부를 졸업하는 청년 두 명과 함께 장곡에서 '협동조합젊은협업농장'을 시작했다. 이런 일이 필요하다는 제안은 많이 하면서 본인이 직접 하지 않는다는 비난을 듣고 객기로 10년 동안 일한 학교를 그만두고, 배운 것과 무관한 농장을 만드는 일에 덜컥 참여했다. 농장 일 시작하면서 얼굴 좋아졌다는 말을 많이 듣는다. 전직의 특성을 버리지 못해 농장이 교육적 성격을 강하게 띠면서 특색이 생기고 여러 층의 관심을 받게 되었다. 이런 관심은 젊은협업농장이 대단해서가 아니라 한국 농업의 상상력과 전망의 부재를 반증한다는 생각이 들어 안타깝다.
jmchul@gmail.com

조대성

농민이며 월천농장을 운영하고 있다. 월천농장은 농사로 한 달에 천만 원을 벌자는 원대한 뜻을 품고 있으나 현실은 월천달러농장과 월천농장 사이 어디쯤에서 방황하고 있다.
cpodonamu@gmail.com

함성호

1990년 『문학과 사회』 여름호에 시를 발표. 1991년 『공간』 건축평론신인상 수상. 시집으로 『56억 7천만년의 고독』, 『성타즈마할』, 『너무 아름다운 병』, 『키르티무카』가 있으며, 티베트 기행산문집 『허무의 기록』, 만화비평집 『만화당 인생』, 건축평론집 『건축의 스트레스』, 『당신을 위해 지은 집』, 『철학으로 읽는 옛집』, 『반하는 건축』, 『아무것도 하지 않는 즐거움』을 썼다. 현재 건축실험집단 EON 대표.
haamxo@gmail.com

홍순명

1936년 강원도 횡성에서 태어나 원주농업중학교 재학 중 무교회 신앙을 접하고, 1952년에서부터 1956년 사이에 교육부 초·중·고 교사 시험에 합격하여 교사 생활을 시작했다. 군복무 후 1960년에 풀무고등공민학교(현 풀무농업고등기술학교)의 설립 정신에 공감해 합류하여 지금까지 교사·교장·마을교사를 해왔다. 재직 중 풀무생협, 풀무학교생협, 갓골어린이집, 풀무생태농업전공과의 설립에 협력하고 홍동밝맑도서관 대표를 지냈으며, 정농회 회원이다. 저서로는 『풀무학교 이야기』(부키, 2006, 일역본 『共に生きる平民を育てるプルム 園』), 역서로는 『개혁자들』(야나이하라 다다오 지음, 포이에마, 2019), 『린하르크와 겔트루트』(페스탈로치 지음, 광개토, 1987) 등 다수가 있다.

얀 다우 판 더르 플루흐 Jan Douwe van der Ploeg

네덜란드 프리슬란드 지방 출신으로, 와게닝겐 농업대학교를 졸업했다. 남아메리카, 아프리카, 유럽 등 여러 나라의 농촌 현장에서 컨설턴트로서 혹은 연구자로서 활동했으며, 와게닝겐대학교에서 사회학 박사학위를 받았다. 유럽의 농촌사회학 연구자 집단의 핵심 인물로서 영농스타일 farming style 연구, 내생적 발전론 endogenous development 등의 중요한 연구 프로그램을 형성하고 실행하는 일을 주도했다. 영농양식이라는 개념을 제안해 독창적인 이론을 형성한 학자로 평가된다. 농촌 문제와 관련된 다학제연구의 중심에 있었으며, '규모 확대' 및 '농업의 산업화'로 표상되는 2차세계대전 이후의 농업 변동을 비판적으로 성찰하고 풀뿌리 대안운동에 긴밀하게 참여했다. 2003년 와게닝겐대학교를 퇴직한 후 명예교수로 있으면서 중국농업대학의 겸임교수로도 활동했고, 유럽 농촌사회학회장을 역임한 바 있다. 현재 중국농업대학교 외래교수다. 주요 저서로 『가상의 농업인 The Virtual Farmer』(1999), 『농민과 농업 Peasant and The Art of Farming』(2013/2018, 따비), 『새로운 농민: 세계화 시대의 농촌 발전 The New Peasantries: Rural Development in Times of Globalization』(2018/2019, 한국농정) 등이 있다.
http://jandouwevanderploeg.com

마을 총목차

창간호 | 2017. 12. 17
농촌에서 공부하다

열며
다시 마을의 삶을 상상한다 | 박영선
트임 | 농촌에서 공부하다
대화와 학습, 마을을 만드는 일 | 김정섭
농과 촌, 일과 학습, 마을과 학교-충남 홍성군 장곡면 젊은협업농장의 실험 | 정민철
학교를 넘어 마을과 함께 | 양병찬
울림
21세기의 일소공도 정신, 진리에 바탕한 사랑의 실천 | 홍순명, 이번영, 신소희, 장유리
이음 | 마을사람들의 도서관
홍동밝맑도서관이 세워지기까지 | 이번영
안남배바우작은도서관과 주민 자치 | 황민호
비판과 저항으로서의 책읽기 | 안찬수
스밈
천 개의 기억 1 - 문화동어린이집 | 정예화, 장유리, 신소희
억울함과 공동체 | 금창영
홍동인상기 | 김건우
새로운 물결 | 신관호
홍성통, 청년을 공부하다 | 안현경
우리 지역에서 결혼하고 아이 낳으면 다른 데보다 돈 더 줄게 | 김명숙
번짐
일하는 노자 - 도가의 마을 구조 | 함성호
'정통 우익'의 장소적 기원, 혹은 온전히 설명되지 않은 그 용어
- 김건우의 『대한민국의 설계자들』을 읽고 | 장정일
부록 | 마을학회 일소공도 소개

통권 2호 | 2018. 7. 27
마을, 교육, 마을교육공동체

열며
마을, 교육환경에서 교육 주체로 | 김정섭, 박영선
트임 | 마을, 교육, 마을교육공동체
마을이 학교라더니? | 김정섭, 안현경, 정민철
마을교육공동체가 아니라 마을학교공동체다 | 임경수
마을 사람들이 마을을 위하여: 초록누리협동조합이 걸어가는 길 | 박진희
이음 | 마을 사람들의 아이 키우기
주민들이 세운 갓골어린이집 | 이번영, 장유리
사람과 마을을 변화시키는 공동육아 | 국승용
벼림
농촌의 지속가능성, 미래의 농민, 도전해야 할 과제 | 김정섭, 정민철, 황수철
스밈
천 개의 기억2: 현광학원 | 이민형, 신소희
상하중 마을의 옛 이름 | 신관호
진정 진심이 만나서야 말로 | 금창영
친환경 농업과 함께 살기 | 김경숙
꽃피는학교의 젊은협업농장 체험 보고서 | 송영미
숲에서 | 이준표
번짐
장소와 교육 | 장정일
일하는 노자2: 인(仁)의 마을에서 | 함성호
한국의 농민 연구, 미래를 그려보자:
얀 다우 판 더르 플루흐의 『농민과 농업』을 읽고 | 송원규
부록 | 마을학회 일소공도
창립선언문
함께 만드는 사람들
활동소식

통권 3호 | 2019. 1. 24
농지, 미래의 농農을 위한 땅

열며
공동의 땅, 공동의 기억과 미래를 위해 | 박영선
트임 | 농지, 미래의 농農을 위한 땅
한국 근현대 농지제도의 변천과 농업의 미래 | 박석두
청년 창업농과 농지지원정책:
청년 창업농은 '어떻게' 농지를 확보하여 이용하고 있는가? | 이향미
지속가능한 농지 공유화와 보전 | 홍순명
정농회의 공유농지운동 | 금창영
이음 | 농업환경 보전정책과 농촌 현실
농업생태환경 프로그램의 도입과 향후 과제 | 이관률
농업환경의 보전과 지역사회의 실천: 네덜란드 지역협동조합의 기원과 특징 | 김정섭
벼림 | 다기능 농업과 새로운 농민
농업농촌농민 연속좌담 | 다기능 농업과 새로운 농민 | 김정섭, 정민철, 황수철
스밈
금평리 김애마을 만주노인과 마을땅 | 최성윤, 이번영, 장유리
농부와 땅과 집 | 최문철
나의 유기인증 취소 체험기 | 조대성
숨은자원모으기 행사의 숨은 의미 | 정영환
스마트팜과 땅을 일구는 삶 | 김세빈
풀무학교와 젊은협업농장 | 정민철
번짐
인간은 책임을 회피하지 말라:
『인류세』와 『다른 세상을 위한 7가지 대안』 | 장정일
풍류와 공부 | 함성호
어의도—기억과 소멸 | 강홍구
지역창작공간의 사회적 의미: 충남 홍성군 이응노의 집 | 윤후영
마을의 삶을 소환하는 마을사진가들 | 박영선
부록 | 마을학회 일소공도 소개와 활동 기록

마을학회 일소공도의
회원으로
가입해주십시오!

마을학회 일소공도는 우리가 살아가는
농촌 마을에서 일어나는 문제들을
제힘으로 제때에 제대로 풀어가기 위해
마을 안팎 사람들이 힘을 합해 만들었습니다.
우리는 공부하지 않는 소, 일하지 않는 도깨비 사이의
오랜 단절을 연결해서 일과 공부, 삶과 앎이 하나인
21세기 농農의 가치를 마을의 삶 속에서
다시 상상하려 합니다.
마을학회 일소공도의 뜻을 지지해주시고
회원으로 가입해주십시오.

뿌리회원

가입비 2만 원 이상
혜택 마을학회의 활동 소식을 담은 웹진《일소공도》를
매월 보내드립니다.
마을학회가 만드는 21세기 마을문명잡지『마을』을
할인가로 드립니다.
마을학회가 연 2회 개최하는 강학회 참가비를 할인해드립니다.

줄기회원

가입비 2만 원 이상   월회비 1만 원 이상
혜택 마을학회의 활동소식을 담은 웹진《일소공도》를
매월 보내드립니다.
마을학회에서 발간하는 연구자료집 책자를
무료로 보내드립니다.
마을학회가 만드는 21세기 마을문명잡지『마을』을
무료로 보내드립니다.
마을학회가 연 2회 개최하는 강학회 참가비를 할인해드립니다.

후원회원

뿌리와 줄기 회원 가입 외에도 후원금을 기부하여
마을학회 일소공도의 활동을 지지하고 참여하실 수 있습니다.
후원금액에 따른 다양한 혜택을 드립니다.

회원가입 신청 안내와 신청서 다운로드 https://cafe.naver.com/oolocalsociety/117
회원가입 신청서 링크 http://bit.ly/maeulogy
계좌 농협 351-0966-6069-13 (예금주 마을학회일소공도)
문의 사무국 010-3191-0477, maeulogy@gmail.com

평민마을학교

평생 배우고 일하며 협력하는 지역,
돈과 경쟁이 아닌 흙과 공동체의 가치에 한걸음씩 다가가는 마을의
삶을 자신들이 살아가는 땅에서 아래로부터 이뤄가려는 사람들이
모였습니다.

평민마을학교는 시대의 소리에 응답하는
이촌위교以村爲校(마을이 학교가 된다)의 정신을 이어서
온 마을로 교육의 마당을 열어갑니다.

교육의 본질은 개인의 성장을 돕는 '조육助育'이면서,
다양한 개인으로 이루어진 이웃공동체의 관계와 테두리를
깊고 건강하게 넓혀가는 '공육共育'입니다.

평민마을학교에서는
주민의 일과 생활에 필요한 앎을 이루기 위해
종교·사상·생태·농업·복지·지역·문화 등을 함께 공부합니다.

함께하는 단체

마을학회 일소공도
오누이친환경마을협동조합
청년농부영농조합법인
청년농부작업장 온
협동조합 젊은협업농장
협동조합 행복농장
홍동밝맑도서관

마을독본

『마을독본』 제5호
특집 마을교육공동체
: 학교와 마을은 어떻게 만날까?

『마을독본』 제6호
특집 마을의 후계자
: 누가 마을을 이어갈 것인가?

펴낸곳 충청남도·충남연구원·충남마을만들기지원센터 | 124쪽 | 10,000원
구독문의 시골문화사 | 010-3191-0477

충남연구원 충남마을만들기지원센터에서는 농촌 마을 지도자들이 읽을 만한 학습용 잡지로 1년에 네 번 『마을독본』을 발간하고 있습니다. 『마을독본』은 단순히 활동 소식을 전하는 뉴스레터나 신문이 아니라, 들고 다니며 읽을 수 있고 책꽂이에도 보관할 수 있는 실용적인 잡지 형식을 취하고 있습니다. 잡지 명칭은 윤봉길 의사(1908~1932)의 『농민독본』에서 따왔습니다. 이 잡지가 농촌 마을을 지키고 이끌어가야 할 마을 지도자들이 마을만들기를 학습하는 데 밝은 길잡이가 되었으면 좋겠습니다.

지난 『마을독본』 특집 주제

『마을독본』 창간준비 1호 마을의 주민조직
『마을독본』 창간준비 2호 마을의 공동재산 관리
『마을독본』 1호 창간호 마을자치규약
『마을독본』 2호 마을 회의와 기록관리
『마을독본』 3호 마을 공동체 농업: 초고령화 시대의 농법 방향
『마을독본』 4호 마을 공동체 복지

새로운 농민
세계화 시대의 농촌 발전

" 5월 20일 국회에서 열린 국제심포지엄 '농민농업의 시대가 온다'에서 발표하고 있는 플루흐 교수 "

신간

지은이: 얀 다우 판 더르 플루흐
- 네덜란드 와게닝겐대학 명예교수
- 중국 북경 중국농업대학 외래교수
- 유럽 농촌사회학 핵심 연구자

옮긴이: 김정섭
- 한국농촌경제연구원 연구위원

감 수: 황수철
- 농정연구센터 소장

"인류 역사상 이처럼 농민이 많았던 적이 없다.
농민농업은 생태자본에 바탕을 두고 유지되며 농민의 살림살이를 지키고 증진하는 것을 지향한다.
농업의 다기능성이 중요한 특징으로 나타날 때도 있다. 주로 가족이 노동력을 제공한다.
또는 농촌 지역공동체 안의 호혜적 관계를 통해 노동력을 동원하기도 한다.
토지나 여타의 생산수단을 가족이 소유한다. 시장 지향적인 생산과 농장 및 농가 재생산을
지향하는 생산이 동시에 이루어진다." - 본문 중에서

저자는 고전적인 이원론(농민 vs. 기업농)으로는 설명할 수 없는 이들 새로운 농민층을
현실의 실체로 드러냄으로써, 농업의 가치와 농민의 권리를 실현하기 위한 대안적 운동들이
구체적 실천에 한 걸음 다가설 수 있도록 하는데 기여하고 있다.
- 윤병선 (건국대 교수, 「농업과 먹거리의 정치경제학」 저자)

지난 1년 동안 우리 마을에서 지낸 김정섭 박사의 강의를 통해 플루흐의
'농민의 농업, 새로운 농민'이라는 발상을 접했다. 새로운 도전이자 자극이었다.
신자유주의적 세계화의 거센 물결 속에서 진행되는 농촌 붕괴와 탈농민화의 현실 한편으로,
다기능 농업, 지역의 자율적 조직화, 둥지형 시장 등 끈질긴 생명력으로 되살아나는
재농민화의 가슴 떨리는 현실을 엿볼 수 있었다.
- 박완 (풀무농업고등기술학교 이사장)

도서출판 **한국농정**

구입문의 : 도서대금 입금 후 전화 주시면 다음날 받아볼 수 있습니다.
문 의 처 : 070-4464-8502 한국농정신문·**인터넷 서점** 「알라딘」, 「반디앤루니스」
입금계좌 : 농협 033-01-196841 (주)한국농정신문 / 가격 : 20,000원

마을학회 일소공도 강학회

언젠가부터 공부는 대처로 나가서 해야 하고, 농촌은 못 배운 사람들이 힘겹게
일만 하는 곳으로 여겨져 왔습니다. 이러한 통념을 뒤집는 발상의 전환이
필요합니다. 농촌이야말로 자연과의 교감 속에서 바쁜 삶을 되돌아보는 휴식의
시간과 공부의 시간이 행복하게 만나는 생성적 공간일 수 있습니다.
한겨울과 한여름은 농촌에서나 도시에서나 비교적 여유로운 때입니다.
이런 때에 도시와 농촌 사람들이 경계 없이 모여 그 분야에서 일가를 이룬
사람의 공부와 삶을 깊고 밀도 있게 만나고 대화할 수 있다면 어떨까요?
소비하는 휴가가 아니라 공부와 친교를 통해 삶을 성찰하고 변화하는 휴가를
농촌에서 보내는 것은 어떨까요?
마을학회 일소공도는 농촌을 공동학습과 성장의 공간으로 재발견하고,
길고 여유로운 호흡 속에서 공부와 휴식의 시간을 누릴 수 있도록, 여름과 겨울
휴가철에 1인 1박2일(12시간)의 연속강좌인 강학회講學會를 엽니다.

제1회 농민의 자율성, 체계의 변화 | 2017.7.28~29
김정섭 | 한국농촌경제연구원 연구위원

제2회 현대한국지성사—『대한민국의 설계자들』을 중심으로 | 2018.1.19~20
김건우 | 대전대 국어국문창작학과 교수

제3회 한국농업사—땅과 농민의 삶 | 2018.7.27~28
박석두 | 한국농업사학회 회장, 전 한국농촌경제연구원 선임연구위원

제4회 문명사 강의—우리는 누구인가? | 2019.1.25~26
함성호 | 건축가, 시인, 건축실험집단EON 대표
　*소리도움 | 권병준 | 다매체예술가

제5회 우리 스스로 만들어가는 농촌마을정책 | 2019.7.19~20
구자인 | 충남마을만들기지원센터장

제6회 강학회

'유라시아 견문'부터 '개벽파 선언'까지

이 병 한 | 개벽학당 당장, 원광대학교 동북아인문사회연구소 교수

2020.2.21.(금)~22(토)
충남 홍성군 장곡면 도산리 오누이다목적회관 강당

강연 내용

1일 6시간: 유라시아 여행 이야기

2일 6시간: 개벽과 동학 이야기

*구체적 내용은 변경될 수 있습니다.

이 병 한

연세대학교 학부에서 사회학을, 대학원에서 역사학을 전공했다. 〈중화세계의 재편과 동아시아 냉전: 1945~1991〉로 박사학위를 받았다. 중국 상하이 자오퉁交通대학교 국제학대학원, UCLA 한국학연구소, 베트남 하노이 사회과학원, 인도 네루대학교 동아시아연구소 등에서 공부하고 연구했다. 월간《말》편집위원, 창비 인문사회 기획위원, 세교연구소 상근연구원 등을 지냈다. 2015년부터 2018년까지 〈프레시안〉 기획위원으로 3년 여정의 '유라시아 견문'을 진행했으며, '한반도의 통일'과 '동방 문명의 중흥'을 견인하는 'Digital-東學' 운동을 궁리하고 있다. 지은 책으로『반전의 시대』(2016), 『유라시아 견문 1, 2, 3』(2016, 2018, 2019),『붉은 아시아: 1945-1991 동아시아 냉전의 재인식』(2019)이 있다.

마을 4	2019년 봄여름호 ǀ 통권 4호
펴낸날	2019년 8월 30일

마을학회 일소공도

편집위원장	박영선
편집위원	구자인 금창영 김건우 김명숙 김정섭
	배지현 양병찬 이번영 정민철
사무국	장유리 오선재

펴낸곳	시골문화사
등록일	1981년 11월 2일
등록번호	제460-4600000251001981000001호
펴낸이	정민철

디자인	김나영
	표지 ǀ 홍은주 · 김형재
	제호 손글씨 ǀ 고은이
인쇄제본	동인AP

주소	충남 홍성군 홍동면 홍장남로 668
전화	010-3191-0477
이메일	maeulogy@gmail.com
	sigolmoonhwa@gmail.com
홈페이지	https://cafe.naver.com/oolocalsociety

정가	15,000원 파본은 교환해드립니다.

이 책에 실린 글과 도판은 무단 전재하거나 복제해서 사용할 수 없습니다.

ISBN 979-11-967790-1-6

이 도서의 국립중앙도서관 출판예정도서목록(CIP)은 서지정보유통지원시스템 홈페이지(http://seoji.nl.go.kr)와
국가자료종합목록 구축시스템(http://kolis-net.nl.go.kr)에서 이용하실 수 있습니다. (CIP제어번호 : CIP2019032744)